0からわかる！

ーゼロー

会計

超入門

公認会計士
白井敬祐 監修

Understanding from 0!
Introduction to accounting

ソシム

会計の全体像を掴もう！

ビジネスパーソンが学習すべき
「会計」って、どんなもの？

一口に会計といっても簿記、財務会計、管理会計と大きく３つあり、さらにファイナンスという分野も存在します。本格的に学ぶ前にまずは会計の全体像を掴んでみましょう。

○○会社

経営者

管理会計

管理会計は、会社の経営者に対して日々の事業活動や経営成績などの経営の意思決定に役立つ情報を報告するためのツール。ビジネスパーソンは管理会計を使って数字の分析や事業の改善点などを提案し、経営者はそれをもとに経営の意思決定を行う（→P110）。

売上が
あがりました

簿記

簿記は、日々の事業活動やお金の流れを記録し、決算書に反映するツール。簿記の基礎知識があると自分の業務がどのように記録され決算書に反映されるのかがわかるようになる（→P74）。

経理部

営業部

借入の相談に行こう

金融機関

財務会計

財務会計は、会社の事業活動の結果を利害関係者（銀行、株主や取引先など）へ報告するためのツール（→P80）。

報告しに行くぞ！

当期の決算について説明をいたします

株主総会

利害関係者

ファイナンス

ファイナンスは、企業価値を最大化するツール。そのために最適な投資先や買収先を検討したり、金融機関からいくら借り入れるべきか、または株主からいくら出資してもらうかを検討したりする（→P146）。

他社・事業

3

会計がわかるようになると
役立つことがたくさんある

会計ってむずかしそう……と避けていてはもったいない！
ビジネスパーソンにとって必須の知識です。

会計を知るとこんなにいいことがある！

1 お金の流れがわかるようになる！

会計を学ぶと決算書を読めるようになり、お金の流れが理解できます。自分の仕事がどのように会社や社会に役立っているのか、知ることができるようになるでしょう。

2 キャリアアップにつながる！

会社の事業がなぜ好調なのか？　なぜ不調なのか？　その原因について、会社の財務から客観的に把握することができます。そして、その知識を業務に活用すれば会社で評価されるでしょう。

3 私生活でのお金の使い方がわかるようになる！

大きな買い物では「どのようにお金を使えばいいか」がわかり、資産運用では「どの会社に投資すればいいか」が判断できるようになります。

主人公・神山が会計の知識を身につけ、一流のビジネスパーソンをめざす！

大丈夫よ！
ズーン…

新人営業マンの神山。
はじめてとれた契約で、
取引先が突然倒産。
売上は回収できず、
上司からは怒られてしまいました。
そのことをきっかけに、
上司や同僚に助けられながら、
会計について学ぶことを
決意します。

会計の知識は、ビジネスのあらゆる場面で活用できます！

登場人物

神山大地
営業部に所属する新人営業マン。少々とぼけた性格である。

白井敬祐
公認会計士。経理部所属で、ミスの多い神山に優しく会計を教える。

高橋裕子
神山の上司。営業部をまとめる社内随一のやり手。怒ると怖い。

阿部七海
神山の同期。入社以来、開発事業部で働く。仕事はきっちりこなす。

斎藤大介
経営者の右腕として仕事をこなす経営企画部のエース。

ブクナビ
会計のわかりづらい点について、神山に助言をしてくれる。

contents

第1章 会計で「お金の流れ」が見える

第2章 <u>財務三表</u>でわかること

第3章 <u>簿記・財務会計</u>で見えること

第4章 管理会計で見えること

第5章 ファイナンスで見えること

第6章 お金の流れを見てビジネスを改善する

第 1 章

会計で「お金の流れ」が見える

ストーリー

営業部に配属された新人の神山大地。はりきって契約をとってき
たものの、契約金をもらう前に取引先が倒産してしまいました。
意を決して上司の高橋に相談すると、「会計」の勉強を促されます。
そして、経理部の白井に教わりながら、神山の勉強がスタートし
たのでした。1章では、会計の知識がまったくない神山が、会計
を学ぶにあたって必要な基本的な知識を身につけていきます。

会計の
基本①

会計は「お金の流れ」を見える化すること

ビジネスに欠かせない会計。そもそも会計とは何か、会計によって何がわかるのかを解説します。

 すみません、先月僕が契約をとってきた黒井商事が倒産したようです……。

 えっ！　ちゃんと黒井商事の決算書を読んでから契約しましたか！？

 け、決算書って……なんですか？

 取引先の決算書も読まずに契約しちゃうなんて……。これまで「会計」の勉強はしてこなかったのですか？

 僕は数字が苦手で……。「会計」ってなんですか？

 本当にもう……。あっ！　いいところにいた。白井さん、私の部下に「会計」を教えてあげてくれませんか？

 会計ですか？　一言でいえば「お金の流れを見える化するツール」のこと。会計を学べば、会社が儲かっているかどうかがわかるようになるんですよ。

倒産
経営状態が悪化して返済しなければならない債務の支払いができなくなり、営業活動を継続できなくなること。

決算書
会社の財政状態や経営成績などがわかる、いわば会社の成績表のこと。

会計
会社の営業活動の結果を数値として記録し、お金の流れを見える化して会社の儲けを把握するツール。

会計がわかると、お金の流れがわかる！

Bad! **会計がない世界**

このお金は
どこから来た？

会社

どこにいくら
支払っている？

会計がわからない＝会社のお金の流れが不明瞭

お金の流れが順調な会社が、儲かっている会社である。お金の流れがわからないと、会社が行っている事業や、ビジネスが儲かるものなのかどうかがわからない。

Good! **会計がある世界**

□○工業からの
入金

会社

仕入れ代金の
支払い

会計がわかる＝会社のお金の流れがわかる！

お金の流れが順調であれば、それは儲かる事業を行っているということである。会計がわかり、お金の流れがわかれば、ビジネスのしくみもわかるようになる。

会社のお金の流れがわかるようになると、会社が儲かっているかがわかります！

会計の
基本②

会計とはお金の流れを
把握し、報告すること

お金の流れを見える化した後は、経営者や利害関係者たち
に結果を報告していきます。

 会計でお金の流れを見える化した後はど
うすると思いますか？

 もっとじっくり見てみます！

 よく見ることは大事ですけどね……。そ
の後は経営者や利害関係者たちに会社の
儲けを報告するんです。

 会社の偉い人や会社にお金を貸してくれ
る銀行、投資家たちに対してですね。

 経営者は会社の儲けに応じて今後の経営
方針を考えなければいけないし、銀行や
投資家たちは今後会社にお金を出すかど
うかを考える判断材料にします。

 自分1人だったらお金の使い方は自由で
すが、会社はそうはいきませんもんね。

 儲かってない会社だと経営者も儲かるよ
うに頑張らなきゃいけないし、銀行や投
資家も儲かってない会社にはお金を出し
たくありませんからね。

経営者
企業の経営について意
思決定を行い、企業を
マネジメントする責任
を持つ者。一般的には
「最高責任者」を指す
ことが多く、代表取締
役や社長、最高経営責
任者（CEO）などと呼
ばれる。役員なども経
営者に該当する。

利害関係者
会社の経営活動や存
続、発展に対して利害
関係を持つ法人や個人
のこと。取引先や金融
機関、行政機関、投資
家、株主、顧客、従業
員なども含まれる。

投資家
株式などに資金を投下
して運用し、利益を得
ようとしている者。

経営者と利害関係者へ報告する

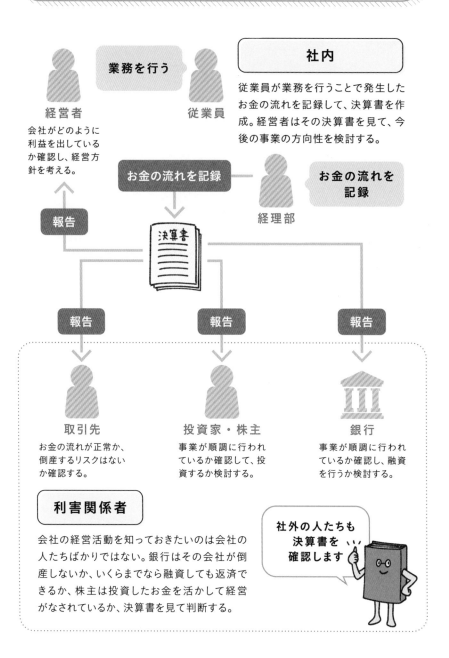

業務を行う

経営者

会社がどのように
利益を出している
か確認し、経営方
針を考える。

従業員

社内

従業員が業務を行うことで発生した
お金の流れを記録して、決算書を作
成。経営者はその決算書を見て、今
後の事業の方向性を検討する。

お金の流れを記録

経理部

**お金の流れを
記録**

報告

決算書

報告

報告

報告

取引先

お金の流れが正常か、
倒産するリスクはない
か確認する。

投資家・株主

事業が順調に行われ
ているか確認して、投
資するか検討する。

銀行

事業が順調に行われ
ているか確認し、融資
を行うか検討する。

利害関係者

会社の経営活動を知っておきたいのは会社の
人たちばかりではない。銀行はその会社が倒
産しないか、いくらまでなら融資しても返済で
きるか、株主は投資したお金を活かして経営
がなされているか、決算書を見て判断する。

**社外の人たちも
決算書を
確認します**

会計に関係あるのは経理部だけ？

会計は、従業員の行動の結果が反映されているもの。経理部だけではなく、従業員全員に関係があります。

 結局、会計って経理部の人だけが知っていればよくないですか？

 たしかに会計を使って決算書をつくるのは経理部ですが、その決算書には会社、つまり従業員の行動の結果がすべて反映されているんです。

 もちろん、神山さんがとってきた、倒産した会社の契約の結果も反映されます。

 うっ、すみません……。

 営業部がとった契約で得た儲けは、主に損益計算書（P/L）に記載されます。30万円の商品を仕入れて100万円で売ると、儲けは70万円ですよね。これがP/Lには売上高100万円、売上原価30万円、売上総利益70万円と記載されます。

 まさにお金の流れですね。

 はい。そして、P/Lを見れば「利益や損失が出た理由」がわかります。

損益計算書（P/L）
決算書のひとつで、会社の経営成績を表すもの。P/L とは Profit and Loss Statement の略。会社の売上や売上を獲得するためにかかった費用などが記載されており、最終的にいくら利益や損失が出たのかがわかる。

売上高
会社が商品やサービスを提供して得た収益。

売上原価
会社が提供した商品やサービスの仕入れや製造に直接かかった費用のこと。

売上総利益
売上高から売上原価を差し引いた利益のこと。

損益計算書（P/L）の例を見てみよう

\ いくら使って稼いだ？ /

当期のお金の流れ

2,200万円の商品を仕入れて、
4,100万円で売り、
1,900万円の儲けが出た。

何が書いてある？

従業員の行動の結果が反映される

従業員が業務を行い、売り上げた金額の合計が「売上高」に記載され、その売上のために仕入れた金額の合計が「売上原価」に記載される。売上高から売上原価を差し引いた額が「売上総利益」で、いわゆる粗利と呼ばれる額。

株式会社○○○○（XXXX）2023年3月期 決算短信

損益計算書

	（単位：万円）
売上高	4,100
売上原価	2,200
売上総利益	1,900
販売費及び一般管理費	1,400
営業利益	500
営業外収益	750
営業外費用	400
当期純利益	400
経常利益	850
税引前当期純利益	850
法人税、住民税及び事業税	450
当期純利益	400

何が書いてある？

会社の事業の成果が記載される

お金が入ったり、出たりした結果、最終的にいくら儲けたのか、その金額が当期純利益に記載される。売上が少なかったり、経費がたくさんかかったりして赤字になった場合、この金額はマイナスとなり、「当期純損失」と記載される。

\ お金が流れた結果 /

最終的に儲かった額

会社運営にかかった金額などを差し引き、最終的に400万円の儲けが出た。

会計を学習する
メリットとは？

会計を学ぶと、ビジネスのあらゆる場面において、強い味方になってくれます。

 本当に数字が苦手で……、それでも会計を学ばないといけないですか？

 会計は数字ばかりではありませんし、会計を知っておくといいことがあります。

 いいことってなんですか？

 会計を学べば、会社が儲かっているのかどうかがわかります。つまり、取引先の決算書を読めば、その会社の財政状態や経営状態、資金繰りなどが見えます。

 黒井商事の決算書を読んで、倒産しそうだとわかっていれば、「契約しない」選択もできていたはずなんですけどね。

 まぁまぁ……。ほかにも、同業他社の決算書を読めば自社の強みや弱みも見えてきますし、それに基づいて適切な経営戦略を立案することも可能です。株に投資する際は、投資先の経営成績を把握することによって、適切な投資を行うことができるといったメリットがありますよ！

財政状態
お金や商品などの資産や借金などの負債をどの程度有しているかという、いわば会社の懐事情。

経営状態
会社がいくら儲かっているかという成績。

資金繰り
お金の出入りを管理すること。

同業他社
同じ業界または業種でビジネスを行うほかの会社。

会計がわかるとよいことがある!

会計の知識を身につけると……

簿記（→P74～77）の
ルールがわかる

決算書を
読み解ける

\ さらに3つのよいことが!! /

メリット
❶ 自社・他社の業績が正しく把握できる

・自社または同業他社、他業界の会社の経営状態を理解できる。
➡転職先の会社を選ぶ際にも役立つ

メリット
❷ 会社のマネジメント視点に立てる

・どのような事業によってお金が順調に流れるのか、儲かるのかがわかる。
➡採算を意識した正しい判断が可能になる

・どのような取引をすると会社のお金の流れがよくなるのかわかる。
➡マネジメント層とのコミュニケーションが円滑になる

メリット
❸ 経済ニュースに詳しくなる

・世の中でどのようにお金が流れ、誰が儲けているのかわかる。
**➡他社の経営状況や経済動向を把握したうえで、会社の利益
となる最善の行動を実行できる**

基本⑤

会社の儲けと
財政状態がわかる

会計には決算書が必須です。その主な書類である「損益計算書表（P/L）」と「貸借対照表（B/S）」を見てみましょう。

決算書はいくつもの書類からなっているんです。まずは、P/Lと貸借対照表（B/S）から見ていきましょう。

会計の基本ですね。

はい。P/Lは、会社の儲けを表した決算書です。P/Lを見るときに最も大事なのは「黒字か赤字か」ということ。当期純利益を見ればわかります。これに対してB/Sは、会社の財政状態を表した決算書です。これを見れば会社の財政状態がわかります。

財政状態が厳しい会社は倒産する可能性が高いということですか？

その通りです。例えば、現金が10万円、借金が50万円の会社は、40万円が不足していて返済できず、倒産してしまう可能性があります。

神山さん、よく覚えておくように！

**貸借対照表
（B/S）**

会社の財政状態を表す決算書。B/Sとは英語のBalance Sheetの略。会社がどのような資産、どれくらいの負債を持っているのかがわかる（→ P42 〜55）。

当期純利益

ある一定期間の経営活動による、最終的な利益。

20

2つの書類の見方と違い

＼ 会社が儲けているかがわかる ／

損益計算書（P/L）

売上高	4,100
売上原価	2,200
売上総利益	1,900
販売費及び一般管理費	1,400
営業利益	500
：	
当期純利益	400

売上高
会社全体でいくら稼いだのか、いくら入金があったのかがわかる。

売上原価・販売費及び一般管理費
売上をあげるために外部、社内でいくら使ったのかわかる。

当期純利益
稼いだ額から使った額を差し引いた儲けがここに表示される。
プラスになっている➡黒字
マイナスになっている➡赤字

＼ 会社の財政状態がわかる ／

貸借対照表（B/S）

この貸借対照表の会社は400万円の現金を持っているが、すぐに返済しないといけない500万円の借入金があり、返済できない可能性がある。

資産の部		負債の部	
流動資産	400	流動負債	500
現金・預金	400	短期借入金	500
固定資産	1,600	固定負債	500
建物	600	長期借入金	500
土地	800	純資産の部	
その他	200	資本金	1,000
合計	2,000	合計	2,000

お金が足りなくて倒産する可能性があります

資産
現金をはじめ、土地や建物など金銭的な価値を持つ資産をいくら分持っているのかわかる。

負債・純資産
左記の資産を持つために、お金をどこから（誰から）どのように工面してきたかわかる。

儲けを示した決算書のチェックポイント①

損益計算書を見れば 儲けの大きさがわかる

Q この会社はどれくらい儲かっている？

　会社の業績を見る際にいちばん気になるのは、「いくら儲けているのか」ではないでしょうか。

　下の表は、ある会社の損益計算書（P/L）の、重要な箇所を抜粋した ものです。

　このP/Lを見て、この会社が儲かっているのか、儲かっているとすればいくら儲かっているのか、考えてみてください。

どこを
見れば
いいんだろう

P/L（2022年4月1日〜2023年3月31日）	
（単位：百万円）	
売上高	1,601,677
売上原価	716,237
売上総利益	885,440
販売費及び一般管理費	381,065
営業利益	504,375
営業外収益	97,333
営業外費用	637
経常利益	601,070
特別利益	68
特別損失	382
税引前当期純利益	600,757
法人税等合計	167,957
当期純利益	432,800

A 最終的に4,328億円の利益が出ている

P/Lには実にさまざまな数字が並んでいて、はじめて見ると、何がなにやら……と思うことでしょう。

P/Lは1年間の会社の成績を示したもの。事業を行って、いくら稼いだか。稼ぐために、何にいくら使ったか。その結果、いくら儲けたかが書かれています。

事業とは別に収益が入ってきたり、出て行ったりもするので、その金額を足し引きして、最終的に残ったのが、左ページの表の最も下にある「当期純利益」の項目です。

つまり、この企業は2022年度の1年間で4,328億円の純利益をあげたということです。

当期純利益の項目には、「432,800」と書いてありますが、単位が百万円のため432,800百万円、つまり4,328億円ということになります。

ここで例に挙げたのは、日本を代表するゲーム機ハード、ソフトメーカーの任天堂の2022年度のP/Lです。業界のトップランナーとして、とても優秀な成績だといえます。

このように、P/Lの当期純利益の項目を見れば「最終的にいくら儲けているか」がわかるわけですが、さらに同業他社の数字と比べると、この利益の額がどれだけ優秀なのかわかります。

利益の種類を知っておこう

売上総利益	⇒	売上から仕入れなど売上原価を差し引いた額。粗利のこと
当期純利益	⇒	その年の最終的な利益

まず儲けているかを確認して、次にどのように利益が出ているか確認していくとよいでしょう

ここがマイナスだと、その年は赤字です

儲けを示した決算書のチェックポイント②
倒産してしまう会社の決算書を見てみよう

 この会社はなぜ倒産した?

神山が契約した会社は、商品を納品後、入金される前に倒産してしまいました。

儲けている会社がある一方で、残念ながら倒産してしまう会社もたくさんあります。

下記はある会社の倒産直前のP/Lについて、重要な項目を抜粋したものです。なぜ倒産したのか、考えてみましょう。

P/L（2013年度、2014年度）

（単位：百万円）

	2013年度	2014年度
売上高	84,971	79,416
売上原価	85,052	95,018
販売費及び一般管理費		
給料及び手当	699	705
支払手数料	899	894
：	：	：
販売費及び一般管理費合計	3,348	3,473
営業外収益	2,252	1,233
営業外費用	149	284
特別利益	48	1,163
特別損失	82	3,243
：	：	：
法人税等合計	1,407	1,452
当期純損失	△1,845	△20,218

最終的に赤字になっている……

Ⓐ 倒産の原因は巨額の赤字と過剰な投資!

　会社が倒産する原因はさまざまですが、赤字になったからといってすぐに倒産するわけではありません。

　多くは、取引先に仕入れ代金が支払えなくなったり、銀行への返済ができなくなったりした場合に倒産します。いずれも事業を続けていくだけのお金が手元になくなった場合に倒産するわけです。

　ここで取り上げたのは、航空会社のスカイマークのP/Lです。2013年度と2014年度分を記載していますが、2014年度は最後まで経営を続けられず、途中（2015年1月）で倒産しています。

　倒産した年度の当期純損失は最終

的に約202億円の赤字でした。2013年度は約18億円の赤字にとどまっているので、その10倍以上の金額です。2014年度になぜここまで経営が悪化したかというと、ひとつは競合する航空会社との価格競争で値下げを行い、売上高が減ったこと。そして、円安の影響を受けて燃料費が増加したことが挙げられます。

　また、下記は同社のキャッシュ・フロー計算書（→P34）ですが、これを見てわかるように倒産する前年に約139億円という過剰な投資を行っています。赤字のなかで行った、この過剰な投資も倒産の要因となりました。

キャッシュ・フロー計算書（2013年度、2014年度）

（単位：百万円）

	2013年度	2014年度
営業活動によるキャッシュ・フロー	355	-10,180
税引前当年度純損失（△）	-438	-18,765
:	:	:
投資活動によるキャッシュ・フロー	-13,920	-788
有形固定資産の取得による支出	-13,758	-2,119
有形固定資産の売却による収入	8	643
:	:	:
財務活動によるキャッシュ・フロー	-415	6,542
短期借入れによる収入	―	5,200
:	:	:

資金繰りが
急激に悪化し
倒産に……

会計には「財務会計」と「管理会計」がある

会計には財務会計と管理会計の2つがあり、それぞれ役割が違います。まずは会計の全体像を把握しましょう。

 簡単な復習です！　会計でお金の流れを見える化した後にすることは？

 えっと……、何でしたっけ！？

 経営者や利害関係者への報告ですよ！

 実は会計にも種類があって、経営者への報告には管理会計、利害関係者には財務会計が用いられているのです。

 簿記（→P74）もありますね。

 簿記は決算書をつくるために取引を帳簿に記録する技術のこと。そして、この決算書を用いて、利害関係者に財務状況を報告するためのルールを財務会計と呼びます。

 じゃあ、管理会計とは何ですか？

 社内向けの会計で、経営者による、経営の意思決定に役立つ情報を提供するために、財務数字の分析などを実施します。

管理会計
会社の経営者や上層部が経営判断を行うために報告する、社内向けの会計。

財務会計
会社の株主や金融機関など利害関係者に報告するときに使われる、社外向けの会計。

簿記
会社の営業活動を記録・計算・整理してまとめる技術。

会計の全体像をイメージしよう！

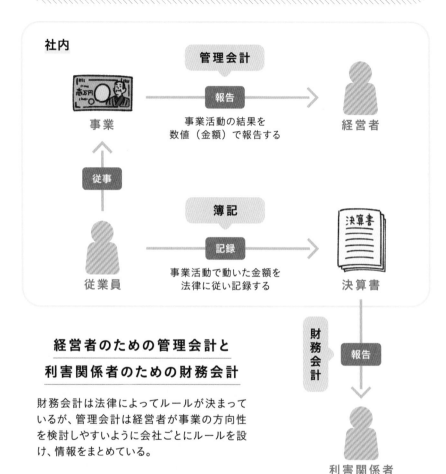

社内

管理会計

報告

事業活動の結果を
数値（金額）で報告する

事業

従事

経営者

従業員

簿記

記録

事業活動で動いた金額を
法律に従い記録する

決算書

財務会計

報告

利害関係者

経営者のための管理会計と利害関係者のための財務会計

財務会計は法律によってルールが決まっているが、管理会計は経営者が事業の方向性を検討しやすいように会社ごとにルールを設け、情報をまとめている。

管理会計	簿記	財務会計
＝	＝	＝
経営者に報告する	お金の流れを記録する	利害関係者に報告する
覚えれば、会社の儲けのしくみがわかり、業務の改善計画が立てられる。	学ぶと会社の日々の事業活動によるお金の流れがわかるようになる。	会社の財務状況が正確にわかるようになる。他社との財務の比較もできる。

会計とファイナンスって何が違うの？

会社の未来にとってとても重要な役割を担うファイナンスですが、会計とは何が違うのでしょうか？

 会計のほかに**ファイナンス**という分野があります。

 ファイナンスって……横文字でかっこいいですね！

 そうですね。会計は「過去のお金の流れ」を記録、整理、報告するもので、「過去」にフォーカスを当てています。

 過去のお金の流れを表現してくれる、と。では、ファイナンスは何ですか？

 会社の将来的な価値を算定し、投資判断や資金調達を行うことです。

 会社の価値を高めるために銀行からお金を借りるべきか、株主から出資を受けるべきか考えたり、その資金調達によって最適な投資先や**買収**を考えたりすることですよね。

 はい。いわば、ファイナンスは「未来のお金の流れ」を扱う分野です。

ファイナンス
金融・資金・財源などの意味を持つ言葉。会社におけるファイナンスとは、コーポレート・ファイナンスと呼ばれ、資金調達や最適な投資判断などをすること。詳しくは第5章（→ P145）で解説。

買収
ビジネスにおいては、他社または他社の事業部の経営権を買い取って手に入れること。

会計とファイナンスの全体像

会計

会社の過去のお金の流れを表す

| 管理会計 | 簿記 | ⇒ | 財務会計 |

ファイナンス

会社の未来のお金の流れを表す

会社の将来のために資金を集めたり、どのように資金を使うべきか考えたりすること。

投資・買収

資金調達

他社・事業　決算書を確認して、将来性など含めて会社の価値を見極め買収する。

銀行・投資家　財務会計で作成した決算書を示して、資金を投資・融資してもらう。

会計とファイナンスの違い

会計	ファイナンス
・過去のお金の流れを正確に記録する ・会社の今の経営状態を表す	・未来のお金の使い方を試算する ・資金調達方法を考える

結局、会計はどうやって学べばいいの？

会計にはいろいろな分野がありますが、正しい順序で学んでいくと、スムーズに理解できます。

 会計を学ぶといっても、たくさんの分野があって、何から手をつければ……。

 まずは簿記から勉強しましょう。

 そうですね。簿記→財務会計→管理会計→ファイナンスの順番で学ぶのがおすすめです。それぞれ前段階の知識が前提となります。

 最初の簿記から躓きそうです……。

 大丈夫です。簿記は理解度に応じて日商簿記検定3級〜1級のレベル別検定試験があって、3級なら1〜2カ月の勉強ですぐに合格できますよ。

 本気で勉強すれば2週間で合格する人もいるみたいですね。

 より理解を深めてキャリアアップしたいなら、公認会計士の資格の勉強もおすすめです。でも、神山さんはまず会計の大まかな知識を身につけていきましょう。

日商簿記検定
簿記の技能を測る検定試験。正式名称を「日商簿記検定試験」という。日本商工会議所と各地の商工会議所が実施しており、3級〜1級までの等級がある。

公認会計士
会計の専門家で、会計に関する最高峰の国家資格。会社の決算書の信頼性を確保する会計監査業務を独占業務とするほか、税務や経営コンサルティング業務にも従事する。

会計を学ぶ順番

\ STEP 1 /

簿記

▼

会計を学ぶうえでの基礎知識（→第3章）
〈難易度〉★★　簿記3級・2級
　　　　　　★★★ 簿記1級

\ STEP 2 /

財務会計

▼

簿記の知識を前提として、膨大な量の会計基準への理解が必要（→第3章）

\ STEP 3 /

管理会計

▼

財務会計の知識を前提として、ビジネスへの深い理解が必要（→第4章）

\ STEP 4 /

ファイナンス

会計に加え、数学や金融の知識も必要（→第5章）

上記をすべて学習できる資格
〈難易度〉★★★★ 公認会計士

各分野で求められる人材

会計人材

経理や会計の分野に特化した人材のこと。お金の流れを記録して書類を作成したり、会社の業績を分析したりする。

簿記はP74 ～ 77で解説

財務会計はP80 ～ 107で解説

管理会計はP110 ～ 143で解説

ファイナンス人材

ファイナンスの分野に特化した人材のこと。企業の価値を最大化するために、必要な施策を計画する。

ファイナンスは
P146 ～ 171で解説

優秀な
ビジネスマンに
なりましょう

なぜ決算書を
つくる必要があるの？

作成に膨大な手間がかかる決算書ですが、作成して報告するように法律で決められています。

 決算書って、手間をかけてわざわざつくる必要ありますか？

 決算書は**法人税法**や**会社法**、**金融商品取引法**など、いろいろな法律によって1年に1回は必ず作成して、利害関係者に見せなければいけないと決められています。

 例えば、私が神山さんにお金を貸したとしたら、ちゃんとお金を返してくれるか不安でしょう？　だから、神山さんの1年間の家計簿を見せなさいって法律で決められているんです。

 税金の申告をするときに決算書を税務署に提出しなければいけませんし、決算書はとても大切な役割があるんです。

 なるほど。決算書って僕でも見ることができるんですか？

 上場企業や**大会社**の決算書（B/S、P/L）なら、誰でも見られますよ。

法人税法
会社の所得に対して課税される法人税についての取り決めを定めた法律。

会社法
会社の設立や運営などに関するルールや手続きを定める法律。

金融商品取引法
有価証券（株や国債など）について情報開示などのルールを定める法律。

大会社
一般的には規模が大きく、知名度が高い大企業を指す。会社法においては資本金が5億円以上、または負債の合計額が200億円以上の株式会社のこと。

決算書の作成を義務づけている法律

法人税法

すべての会社の所得に対して課税される法人税について取り決めを定めた法律。事業年度終了日の翌日から2カ月以内に税務申告書類を作成し、税務署へ申告・納税しなければならない。

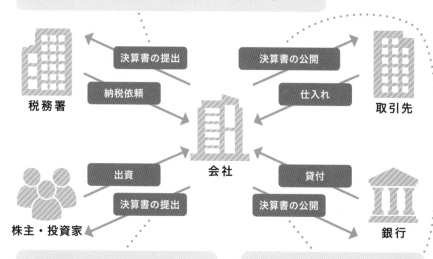

金融商品取引法

有価証券（株や国債など）について情報開示などのルールを定める法律。事業年度終了後3カ月以内に有価証券報告書を作成し、内閣総理大臣へ提出することが義務づけられている。

会社法

会社の設立や運営などに関するルールや手続きを定める法律。すべての会社に決算書の作成を義務づけており、作成した決算書は株主総会に提出しなければならない。

法律別の決算書の取り扱いについて

	作成すべき決算書 （決算書の種類）	対象	提出先
法人税法	決算報告書	すべての会社	税務署
会社法	招集通知 計算書類	すべての会社	株主総会など
金融商品取引法	有価証券報告書 財務諸表	上場企業など	内閣総理大臣

財務諸表で大事な
3つの書類

決算書のなかでも B/S、P/L にキャッシュ・フロー計算書
を加えた3つを財務三表といいます。

決算書のうち、金融商品取引法で上場企業などに作成が義務づけられている書類を財務諸表と呼びます。特に大事なのが、❶P/L、❷B/S、そして❸キャッシュ・フロー計算書（C/F）です。

財務三表といわれるものですね。

名前は聞いたことがあります！　ということは、上場していない会社は決算書をつくらなくてもいいのですか？

いえいえ、そんなことはないですよ。会社法ですべての会社に決算書の作成が義務づけられています。ちなみに、会社法では決算書のことを計算書類と呼びます。財務三表のうち、P/LとB/Sは計算書類でも作成する必要があります。

C/Fはつくらないんですね。

そうなんです。上場企業は財務諸表と計算書類を、それ以外の会社は計算書類のみを作成する必要があります。

財務諸表

金融商品取引法の対象となる会社の決算書のこと。対象は上場企業や大会社。P/L、B/S、C/F、株主資本等変動計算書、附属明細表が該当する。

**キャッシュ・
フロー計算書
（C/F）**

ある一定期間における会社のお金の流れを示す書類。C/F とは Cash Flow Statement の略。C/S とも略される。

計算書類

会社法においてすべての会社に作成が義務づけられている決算書のこと。

計算書類と財務諸表の違い

会社の規模や、株式を上場している・していないによって作成する書類が異なる。会社の規模が大きいと作成すべき書類が多い。

計算書類

法人税法、会社法においてすべての会社に作成が義務づけられている書類のこと。

─── 書類の種類 ───

● B/S
● P/L
● 株主資本等変動計算書
● 個別注記表

（「計算書類等」なると、上記4つに加え「附属明細書」が含まれる。財務諸表に含まれる附属明細表と間違えやすいので注意）

財務諸表

金融商品取引法において上場企業などに作成が義務づけられている書類のこと。

─── 書類の種類 ───

● 財務諸表
・B/S ┐
・P/L ├ 財務三表
・C/F ┘
・株主資本等変動計算書
・附属明細表

財務三表とは何か？

5つある財務諸表のなかでも、特に重要なB/S、P/L、C/Fの3つの書類を指す。

❶
貸借対照表
B/S
(Balance Sheet)

＋

❷
損益計算書
P/L
(Profit and Loss Statement)

＋

❸
キャッシュ・フロー計算書
C/F
(Cash Flow Statement)

キャッシュ・フロー計算書（C/F）は、ある一定期間における会社のお金の流れを示す書類。入ってきた現金をキャッシュイン、出ていったお金をキャッシュアウトと呼び、それらがどのような活動で出入りするのかが記載されています。

業界ごとの P/L、B/S の傾向

決算書にも業界ごとに特徴がある

Q この会社の業種は何?

世の中にはさまざまな業種やビジネスモデルがありますが、いずれも稼ぎ方、儲け方が異なります。

そのため、財務諸表に書かれた数字にも業界ごとに一定の特徴があります。下記は、ある業種において代表的な会社のP/Lです。では、その業種とは何でしょうか。

P/L（2022年4月1日〜2023年3月31日）

（単位：百万円）

売上高	1,600,586
売上原価	1,151,815
売上総利益	448,771
販売費及び一般管理費	404,705
営業利益	44,066
営業外収益	10,186
営業外費用	4,187
経常利益	50,064
特別利益	1,287
特別損失	7,767
：	
法人税等合計	11,341
当期純利益	32,242

売上高が1兆6,005億円であるのに対し、売上原価が1兆1,518億円もかかっている

売上の72%を原価が占める

⬇

ほかの業種と比較すると……

任天堂（→ P22）は売上のうち原価が占める割合は55%

A　小売業を手掛ける会社

　左ページに掲載したP/Lは、小売業大手で家電量販店トップのヤマダ電機（ヤマダホールディングス）のものです。

　小売業である同社は、商品を仕入れ、販売するビジネスが中心となります。そのため、仕入れを含む売上原価が高くなります。22ページで紹介した任天堂と比べ、売上に対する売上原価の比率（原価率）が17％も高くなっています。

　原価率はほかの小売業でも同様の割合となるわけですが、そうしたなかでも原価率が低い会社があれば、その会社は付加価値をつけて販売していると考えられます。

　また、B/Sでも小売業ならではの特徴が見てとれます。売り先は一般の人が多いため現金商売の割合が高く売掛金が低い。一方、仕入れ先へは後払いとなるため、買掛金のほうが多くなるという具合です。

B/S（2022年4月1日〜2023年3月31日）

客には現金で販売し、仕入れ先からは後払いで代金を買っている　⇒　売掛金より買掛金のほうが約218億円多い

（単位：百万円）

資産の部		負債の部	
流動資産		流動負債	
現金及び預金	47,236	支払手形及び買掛金	90,632
受取手形	4,832	工事未払金	14,156
売掛金	68,821	短期借入金	122,725
完成工事未収入金	3,134	リース債務	6,282
営業貸付金	14,448	未払法人税等	1,552

業界ごとの平均的な数値を知っておくと、その会社の儲け方がわかります

決算書はいつつくる？

決算書はどのタイミングで作成するか覚えよう

 Q 決算書はいつ、何回つくるの？

学校でもらう成績表のように、会社にも「決算書」という名の成績表があります。

経営者や社員が会社の成績を把握して経営方針を決定するのはもちろんのこと、税務署へ提出・申告して税金を納めたり、金融機関に提出して借入を行ったりと、決算書には大事な役割があるのです。そのため、さまざまな法律により、すべての会社に決算書の作成が義務づけられています。

決算書をつくるのは経理部の仕事。経理部は普段の会社のお金の出入りをすべて帳簿に記録していて、この帳簿をもとに決算書はつくられます。では、この決算書はいつ、どのくらいのペースで作成されるでしょうか？

決算書はどのようにつくられている？

担当業務

経理部

会社の成績を
まとめる
には……

帳簿に
計上する

決算書を
作成する

A　事業年度ごとに決算書をつくる

　会社が決算書をつくらなければいけないのは、基本的に「事業年度ごと」です。事業年度とは決算書を作成する際の対象となる期間のことで、基本的には1年です。

　事業年度の開始日は会社ごとに自由に決められます。例えば4月1日を事業開始日とした場合、3月31日が事業年度終了日となります。この事業年度終了日を決算日として決算書を作成しますが、上場企業は事業年度内に3カ月ごとに作成する必要があります。

　決算日は会社によって自由に決め

られることから、決算書を作成する時期は会社によって異なります。ただし、作成には期限が設けられているのです。法人税法により、法人税の申告は事業年度の終了後2カ月以内と決められています。よって、事業年度が終わってから2カ月以内には決算書を作成しなければいけません。

　日本の会社は4月1日から3月31日までを事業年度としている場合が多く、その場合は5月31日までに決算書の作成と法人税の申告を済まさなければいけないということになります。

決算書をつくる時期

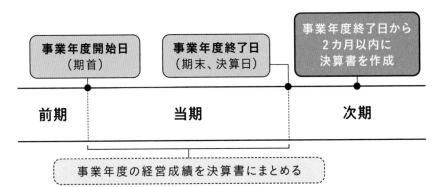

事業年度開始日
（期首）

事業年度終了日
（期末、決算日）

事業年度終了日から
2カ月以内に
決算書を作成

前期　　　　　当期　　　　　次期

事業年度の経営成績を決算書にまとめる

上場企業は年4回つくる
上場企業は「四半期報告制度」によって、四半期（3カ月に1回）ごとに決算書（決算に関する報告書）を作成・公開することが義務づけられている。

報告書の簡易版「決算短信」
四半期ごとに作成・公開される決算に関する報告書の簡易版を「決算短信」という。上場企業のホームページなどで見ることができる。

ようこそ 会計の世界へ!

[会計がわかるとビジネスがわかる!]

「会計＝むずかしい」と考える人も多いのではないかと思います。

経理部ではないのに、会計の知識が必要なの？　と考える人もいるでしょう。

会社には常にお金が出たり入ったりしています。その「お金の出入り」＝「お金の流れ」が、会計の知識を身につけることで見えてきます。

「お金の流れ」が見えれば、会社がなぜ儲かっているのか、なぜ損失を出しているのか、なぜ倒産してしまったのかわかります。さらには、儲けるためにはどうするべきかもわかるようになります。

要するに会計とは、すべての

ビジネスパーソンのみなさんが知っておきたい知識なのです。

とはいえ、肩肘を張って、会計のすべてを理解しようとしなくて構いません。

会計ではこうしたことを記録し、分析しているのだと知ることが第一歩です。それだけでも、仕事への取り組み方が変わってくるでしょう。さらに詳しく知っていけば、キャリアアップにもつながります。

営業部、製造部、総務部、経理部、経営企画部と、それぞれ役割は違えど、会社がモノやサービスを提供して利益を出すための一員です。

ぜひ、会計の世界を楽しんでください！

第 **2** 章

財務三表で わかること

ストーリー

会計の基本がわかったところで、2章では本格的に会計を学ぶうえで欠かせない前段階の知識として決算書について学びます。神山は、決算書のなかでも特に重要な財務三表の見方を教えてもらいます。倒産してしまった契約先の決算書を読み解いて、倒産した原因を探ることはできるのでしょうか？

貸借対照表で
会社の財産が見える

企業の財政状態がわかる貸借対照表（B/S）。プラスの財産よりマイナスの財産が多いと、健全な経営はできません。

財務三表のひとつ、B/Sの簡単なおさらいをしていきましょう。

えーと、会社の懐事情がわかるやつ……でしたっけ？

簡単にいうと、「どんな資産を、どれくらい持っているのか」が記録されています。つまり、会社の財政状態がわかります。

資産

会社が保有する金銭に交換可能なすべての財産のこと。現預金のほかに不動産、商品、材料、著作権、営業権、長期保有目的の有価証券などが含まれる。

そもそも、会社の資産って何ですか？

会社の財産と言い換えるとイメージしやすいでしょうか。金銭と交換できるもので、現預金はもちろん、建物や土地、機械設備や車両なども含まれます。

プラスの財産

現預金や不動産のように経済的な価値のある財産。

プラスの財産だけでなく、マイナスの財産も含まれるんですよね。

マイナスの財産

借入金や未払金のように将来支払い義務のある財産。

はい。借入金や未払金といったマイナスの財産も会社の財産になります。

B/S に記載される財産

\ 会社が持っているもの /
プラスの財産

\ 支払い義務のあるもの /
マイナスの財産

資産の部		負債の部	
科目	金額	科目	金額
① 流動資産	1,500	流動負債 ③	1,100
現金および預金	620	買掛金	700
受取手形	80	短期借入金	400
売掛金	800	固定負債 ④	500
② 固定資産	1,500	長期借入金	500
【有形固定資産】	1,400	負債の部合計	1,600
建物	600	純資産の部	
機械装置	100	株主資本 ⑤	1,400
土地	700	資本金	400
【無形固定資産】	10	資本剰余金	50
ソフトウェア	10	利益剰余金	950
【投資その他の資産】	90	繰越利益剰余金	950
投資有価証券	90	純資産の部合計	1,400
資産の合計	3,000	負債及び純資産合計	3,000

資産から負債を
引いたもの

**返済して
残った財産**

プラスの財産 ＝ 資産の部	マイナスの財産 ＝ 負債の部	返済して残った財産 ＝ 純資産の部

① 流動資産（→P49）

1年以内にお金に換えられるもの。現金化しやすい＝流動性が高い資産。

② 固定資産（→P49）

1年以内に現金化されないもの。土地や建物など長く使い続ける資産。

③ 流動負債（→P51）

1年以内に支払わないといけないもの。仕入れ代金（買掛金）などが含まれる。

④ 固定負債（→P51）

1年以上後に支払わないといけないもの。長期で借り入れているお金など。

⑤ 株主資本（→P53）

社長が会社に出資したお金や第三者（株主）が出資したお金などが含まれる。いわば、返済しなくてもよいお金。利益が出て、そのお金を使わずに貯めていくと、利益剰余金などとして、この金額が増えていく。

貸借対照表の意味と
３つのボックス

B/S は３つのボックスに分けられています。各ボックスの位置づけを知るのが B/S を理解する第一歩です。

 B/Sを見るときは、まず３つのボックスを理解しましょう。左に資産、右上に負債、右下に純資産が書かれています。

 左と右の数字の合計が一致していますね。

 B/Sがバランスシートとも呼ばれる理由は、左右の合計が同じになるからですか？

 一般的にはそう思われているのですが、バランスには「残高」という意味があります。そのため、B/Sは「残高一覧表」といったほうが正しいですね。

 なるほど。会社にどれだけの残高があるかを示した表ということですね。

 財産がいくら手元にあって（資産）、その財産はどのように調達しているのか（負債・純資産）と、イメージするとわかりやすいですよ。

負債
将来返済する必要のあるお金。いわばマイナスの財産のこと。

純資産
総資産のうち、返済する必要のないお金。資産－負債＝純資産となる。

3つのボックスと残高

まず押さえる! B/Sは、会社がどんな資産を持っているのかを3つのボックス別に一覧で示した「残高一覧表」。

(単位：百万円)

資産の部			負債の部		
科目	金額		科目	金額	
流動資産	1,500		流動負債	1,100	
現金および預金	620		買掛金	700	
受取手形	80		短期借入金	400	
売掛金	800		固定負債	500	
固定資産	1,500		長期借入金	500	
【有形固定資産】	1,400		負債の部合計	1,600	
建物	600		純資産の部		
機械装置	100		株主資本	1,400	
土地	700		資本金	400	
【無形固定資産】	10		資本剰余金	50	
ソフトウェア	10		利益剰余金	950	
【投資その他の資産】	90		繰越利益剰余金	950	
投資有価証券	90		純資産の部合計	1,400	
資産の合計	3,000		負債及び純資産合計	3,000	

↓ 3つのボックスの意味を知る!

＼ 会社の持ち物 ／

どれくらい資産があるか?
資産の残高の一覧

負債を返済できるお金が資産になければ、倒産する可能性がある。

**資産ー負債
＝純資産**

| 資産 30億円 | 負債 16億円 |
| | 純資産 14億円 |

＼ 貸し主の持ち物 ／

左の資産はどこから調達しているのか?
借りたお金の残高の一覧

＼ 株主の持ち物 ／

手元に残る残高の一覧

お金を何に使ったのか？
勘定科目を見よう

B/S は資産や負債の内容を把握しやすいように、勘定科目というルールに沿って、一括りにまとめられています。

B/Sの項目を一つひとつ見ていくと、どんな資産をいくら分持っているのかわかります。

たくさんの数字と専門用語を想像しただけで、頭がパンクしそうです……。

金額の左の項目は勘定科目といって、お金の流れにラベルを貼ったようなものです。例えば、社員が使うために買ったパソコンやコピー機などはすべて「工具、器具及び備品」にまとめます。

勘定科目
お金の流れを記録する際に用いられる項目。例えば会社が所有している事務所や店舗、工場、倉庫などはすべて「建物」にカテゴライズされる。

同じグループで一括りにして、誰でも把握しやすくしているのですね。

うーん、「パソコン」って書いてもいいような気もするんですけど。

項目が多くなりすぎると、資産を適切に把握するのが難しくなってしまいます。それに、利害関係者も見るものですから、ある程度統一された科目名にする必要があるんですね。

勘定科目とは何か？

勘定科目 何にお金を使ったか、何のお金が入ってきたのかをグループごとに分けた名称

資産の部		負債の部	
科目	金額	科目	金額
流動資産	1,500	流動負債	1,100
現金および預金	620	買掛金	700
受取手形	80	短期借入金	400
売掛金	800	固定負債	500
固定資産	1,500	長期借入金	500
【有形固定資産】	1,400	負債の部合計	1,600
建物	600	純資産の部	
工具、器具及び備品	100	株主資本	1,400
土地	700	資本金	400
【無形固定資産】	10	資本利益金	50

勘定科目があると会社の資産を把握しやすい

書類を納める棚がたくさんあります

接客用のソファがあります

経理部　営業部

工場に工具がたくさんあります

製造部

会社にどんな資産があるのかわからない……

同じグループで一括りにする

→

・コピー機
・事務所のデスク
・工場にある工具
・10万円以上のパソコン

↓

勘定科目

工具、器具及び備品

有形固定資産のひとつとなる勘定科目。ちなみに10万円以下のパソコンの勘定科目は「消耗品費」となる。

貸借
対照表④

貸借対照表の資産は
会社の財産を表している

ここからは B/S の各ボックスの見方を詳しく解説していきます。まずは資産からスタートです。

まず B/S の左側、資産のボックスを詳しく見ていきましょう。

大きく流動資産と固定資産に分けられていますね。

流動資産は1年以内にお金に換わる資産です。主な勘定科目は、現金及び預金、売掛金、商品及び製品などです。

流動的な資産ということですね。では、固定資産は1年以内にはお金に変わらない資産のことでしょうか？

その通りです。1年以上使用することが想定される会社の建物やソフトウェアなどが固定資産となります。固定資産のなかでも、建物は形ある資産なので有形固定資産、ソフトウェアは形のない資産なので無形固定資産となります。

一口に資産と言っても色々あるんですね。それにしてもうちの会社、在庫たくさん抱えているなあ……。

現金及び預金
現金及び預金のこと。現金は金庫やレジに入っているお金、預金は口座に入っているお金などを指す。

売掛金
商品やサービスを提供し、その対価として将来受け取るお金（または権利）のこと。

商品及び製品
商品販売のために保管している商品や原材料などのこと。いわゆる在庫。

B/Sの左側にある資産の内容

流動資産の内訳となる勘定科目

現金及び預金
会社の手元にあるお金や銀行に預けているお金。小切手など、銀行で手続きするとすぐに換金できるものも現金及び預金に含まれる。

売掛金
商品を渡した後に代金を受け取る権利。例えば請求書を発行して入金されるのを待っているお金。

商品及び製品
商品を売るために仕入れたもの。製品は自社が製造したもの。これらを販売して代金を受け取る。

仕掛品
製造途中の製品。原材料から少しでも加工されると仕掛品となる。完成すると上記の「製品」になる。

1年以内にお金になる資産

資産の部	
流動資産	
現金及び預金	3,790
売掛金	1,585
商品及び製品	940
仕掛品	90
原材料及び貯蔵品	670
その他	730
貸倒引当金	△145
流動資産合計	7,660
固定資産	
有形固定資産	
建物及び構築物	625
機械装置及び運搬具	2,600
土地	580
有形固定資産合計	3,805
無形固定資産	
ソフトフェア	100
施設利用権	72
無形固定資産合計	172
投資その他の資産	
投資有価証券	1,170
長期貸付金	15
繰延税金資産	190
貸倒引当金	△5
その他	80
投資その他の資産合計	1,450
固定資産合計	4,927
資産合計	13,084

固定資産の内訳となる勘定科目

有形固定資産
事業を行うために必要な店舗や工場、営業車、運搬用のトラックなど、1年以上使い続ける資産。同じ小売業でも店舗を多数展開している会社に比べ、実店舗をもたないネット通販の会社は額が低くなる。

無形固定資産
物理的な形のない、事業を行ううえで必要な資産。ソフトウェアや特許権などの知的財産が含まれる。

投資その他の資産
上記以外の資産。長期でもつ株式や社債、提携先の会社の株などが含まれる。

1年以上使う資産

流動資産は並び方もチェック

一般に上から現金化しやすい順に並んでいて、仕掛品が多いと現金を得るためにまだ時間と労力が必要な状態といえます。ひと口に流動資産といっても、売掛金や商品、仕掛品のバランスを見る必要があります。

貸借
対照表⑤

貸借対照表の負債は
集めたお金を表している

事業を運営していくには負債はつきもの。しかし、負債の内容によっては経営が危険な状態になります。

 次はB/Sの右上、負債のボックスを詳しく見てみましょう。

 負債も、資産と同じように流動と固定があるんですね。

 ええ。**流動負債は1年以内に支払わなければいけないお金のこと**です。主な勘定科目は、買掛金や短期借入金など。固定負債は1年より後に支払う社債や長期借入金などが該当します。

 負債って、要するに借金ですよね！？

 そうです。借金が多いということは、今後外部への支払いが多いということ。もしかしたらお金の流れが滞ってしまう可能性があるわけです。

 その判断はどうすればいいですか？

 流動負債に対する流動資産の割合（流動比率）が200％なら優良、100％を切ると危険と判断しましょう。

流動比率
流動資産÷流動負債で算出される。会社の短期的な支払能力や安全性を判断する指標。

B/Sの右上にある負債の内容

流動負債の内訳となる勘定科目

買掛金
商品を仕入れた後に代金を支払う債務。例えば請求書を受け取って後ほど支払う予定のお金。

短期借入金
銀行など金融機関から借り入れた、1年以内に返済期日が訪れるお金。

リース債務
リース会社から借りた物件や機器のリース料金。1年以内に支払う分のリース債務は流動負債になる。

未払費用
まだ支払期日が訪れていない費用。水道光熱費や保険料など、継続して利用しているが、まだ支払っていないお金を指す。

負債の部	
流動負債	
買掛金	1,910
短期借入金	1,100
1年内返済予定の長期借入金	1,085
コマーシャル・ペーパー	90
1年内償還予定の社債	550
リース債務	50
未払費用	970
その他	890
流動負債合計	6,645
固定負債	
社債	2,050
長期借入金	2,010
リース債務	80
繰延税金負債	290
製品保証引当金	110
その他	450
固定負債合計	4,990
負債合計	11,635

固定負債の内訳となる勘定科目

社債
将来のある期日に一定の金額を返還することを約束した有価証券。上場企業の社債は証券取引所で買うことができる。外部から資金調達する際に使われる。1年以内に返還する期日が訪れる分の社債は流動負債、1年超の社債は固定負債となる。

長期借入金
返済期日が1年を超えて訪れる借入金。設備投資などのために借り入れたお金であることが多い。

製品保証引当金
販売した製品の修理や交換を行った場合に備えるお金。保証期間が終了した製品分は減っていく。

固定負債が翌年度に流動負債になることも
負債の部は、返済期限によって流動負債か固定負債に分けられる。今年度は固定負債であったものが、翌年度に返済期限が1年以内となれば、翌年度のB/Sでは流動負債に含まれることになる。

1年以内に返済するお金

1年以上後に返済するお金

\ お金の流れは大丈夫？ /

P49参照

1年以内に返済する負債は1年以内に現金にできる資産で返済する

流動資産 7,660億円 / 流動負債 6,645億円

負債のほうが多いと返せない！

流動比率

115%

目安は120～150%。優良企業は200%以上。

貸借対照表の純資産は
純粋な財産を表す

純資産の部には株主が託したお金、積み重ねてきた利益など会社の純粋な財産が書かれています。

 最後はB/Sの右下、純資産のボックスですね。会社の純粋な財産を表していて、返さなくてもいいお金が書いてあります。

 このお金が多いほど、お金持ちの会社ってことですね！

 そうですね。純資産は会社の利益や資本金のことで、会社のものになったお金です。特に株主資本を見ておきましょう。

 株主が出資してくれたお金ですね。

 はい。利益の増加は「株主から預かったお金で儲けた」ともいえますから、利益剰余金として計上されます。そうした意味で利益余剰金は株主資本の一部となります。つまり、「利益が増えると株主資本が増える」のです。

 いくらあればいいんですか？

 利益剰余金はプラスであればOKです。

株主資本
会社の運営資金のために株主から募ったお金と、そのお金で生み出した利益のこと。

株主
株式会社に資金を出資し、その代わりに株式を保有している人のこと。保有する株式の数に応じて、経営に意見することもできる。

B/Sの右下にある純資産の内容

株主資本の内訳となる勘定科目

資本金
株主から出資を受けたお金。株主資本の一番上に表示される。このお金を元手に会社は事業を行う。

資本剰余金
会社設立時に資本金に設定しなかったお金のこと。

利益剰余金
会社設立以来の利益の累積。過去の当期純利益が積み重なったお金。内部留保とも呼ばれる。この金額が多ければ多いほど、順調に利益をあげてきた優良企業といえる。一方で、損失が続けばマイナスになる。

自己株式
自社で買い取った自社の株式の金額。株主から会社が買い戻した（払い戻した）状態になるので、マイナスで表示される。

会社の純粋な財産

純資産の部	
株主資本	
資本金	2,100
資本剰余金	820
利益剰余金	6,250
自己株式	△150
株主資本合計	9,020
その他の包括利益累計額	
為替換算調整勘定	△110
新株予約権	8
非支配株主持分	480
純資産合計	9,398

設立以来の利益の積み重ね！

自己資本ともいう

特に上場企業の純資産の部は、難解な勘定科目が並ぶ。まずは株主資本を押さえれば十分。

好調な企業は純資産が増えていきます！

儲ければ、さらに株主資本が増えていく

儲けてくれ！

おあずかりします

株主から預かったお金をうまく運用して儲けが出ると、さらに株主が増え、また利益も積み重なっていき、財務が潤沢になる。

企業の事業内容がわかる

資産をあまり持たない企業の貸借対照表の特徴

 Q このB/Sはサイバーエージェント、丸亀製麺のどちら？

IT企業のサイバーエージェントと丸亀製麺を経営するトリドールホールディングス。事業内容がまったく異なる両社は、B/Sの内容も大きく異なります。下記はそのいずれかのB/Sですが、サイバーエージェント、トリドールホールディングスどちらのものでしょうか。

B/S（2021年10月1日〜2022年9月30日）

（単位：百万円）

資産の部		負債の部	
流動資産		**流動負債**	
現金及び預金	165,907	買掛金	59,212
受取手形、売掛金及び契約資産	72,371	未払金	15,954
棚卸資産	4,262	：	
：		流動負債合計	130,014
流動資産合計	293,850	**固定負債**	
固定資産		長期借入金	3,750
有形固定資産	18,974	その他	1,505
建物及び構築物	11,346	固定負債合計	30,768
工具、器具及び備品	5,846	負債合計	160,783
無形固定資産	22,054	**純資産の部**	
：		資本金	7,239
投資その他の資産合計	48,797	利益剰余金	119,204
固定資産合計	89,826	：	
資産合計	383,698	純資産合計	222,915

IT企業のサイバーエージェントのB/S

　サイバーエージェントのB/Sを細かく見ていきましょう。

　資産が約3,836億円ありますが、そのうちの4割強は現金及び預金が占めます。IT企業はほかの産業に比べ土地や建物などの不動産（固定資産）を必要とせず、在庫もほぼ持たないため、棚卸資産も少ないです。

　また、借入も少ないため負債が少なく、純資産のほうが多いという財務状況です。

　資産における固定資産の少なさが、IT企業のB/Sの特徴といえます。

　一方、下の表はトリドールホールディングスのB/Sです。丸亀製麺の店舗を運営するため、サイバーエージェントと異なり土地や建物が必要となります。ただし、そのために不動産を購入するのではなく、借りて運営しているようで、使用権資産がそのための資産に該当します。

トリドールホールディングス B/S（2022年7月1日〜2023年6月30日）
（単位：百万円）

資産の部		負債の部	
流動資産		**流動負債**	
現金及び現金同等物	67,456	営業債務及びその他の債務	13,223
営業債権及びその他の債権	7,578	短期借入金	4,028
棚卸資産	759	：	
その他の流動資産	2,008	流動負債合計	59,470
流動資産合計	77,801	**流動負債合計**	
固定資産		長期借入金	46,629
有形固定資産	36,143	：	
使用権資産	82,759	固定負債合計	128,608
無形資産及びのれん	45,712	**負債合計**	188,078
その他の金融資産	13,103	**純資産の部**	
繰延税金資産	4,953	資本金	4,673
：		利益剰余金	34,207
固定資産合計	188,434	：	
資産合計	266,235	**純資産合計**	78,158

損益計算書でいくら儲けているかわかる

財務三表のひとつ、損益計算書（P/L）では、会社がどれだけ売上をあげて、利益があるのか見ることができます。

 財務三表の2つめ、P/Lで、会社が儲かっているのか見てみましょう。

 僕ががんばっているから、我が社は儲かっていると思いますよ！

 すごい自信……。本当に儲かっているか、後で確認しましょうか。

 そのために売上総利益を見てみましょう。この利益は「売上－売上原価」で導き出されます。例えば、仕入れた商品を売って、出た利益のことなのです。でも、仕入代金以外にもかかっているお金があります。

 その商品を仕入れた従業員の給料などですね。

 はい。売上総利益からさらに給料などの販管費を引いた利益を営業利益といいます。このように、売上から差し引くお金によって5つの利益があるのです。

売上総利益
売上高から売上原価を差し引いた利益。いわゆる粗利のこと。

販管費
「販売費及び一般管理費」の略。売上には直接紐づかなくとも、商品やサービスを提供するために必要な費用のこと。給料や家賃、水道光熱費などが該当する。

営業利益
売上総利益から販管費を差し引いた利益。

P/L に書いてあること

まず
押さえる！

P/L には、売上（収益）から諸経費を差し引いた儲け（利益）が書いてある

売上（収益）	100億円	

稼いだ売上から
経費を差し引く

経費を差し引いて
残った額が利益となる

儲け（利益）	20億円	80億円

諸経費

P/L に書いてある5つの利益

会社に入ってきたお金（＝売上）から本業でかかった経費を差し引くと、本業の利益が出る。
それから、本業以外でかかった費用や税金を差し引き、その年（当期）の最終的な利益が出る。

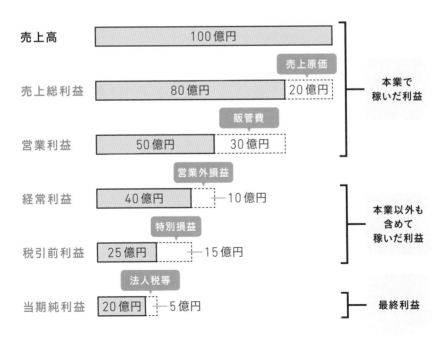

売上高	100億円	
売上総利益	80億円	売上原価 20億円
営業利益	50億円	販管費 30億円

本業で
稼いだ利益

経常利益	40億円	営業外損益 ─10億円
税引前利益	25億円	特別損益 ─15億円

本業以外も
含めて
稼いだ利益

当期純利益	20億円	法人税等 ─5億円

最終利益

損益
計算書②

損益計算書で
収益性や成長性がわかる

商品やサービスがたくさん売れていれば儲かっているとは
限りません。会社の実力を確認しましょう。

 P/Lの5つの利益を見ましたけど……、
本当に5つも必要ですか?

 もちろん! それぞれの利益で会社の収
益性や成長性、特徴がわかるんです。

 どれだけ儲ける力があり、規模が大きく
なっているかということですね。

 はい。収益性は売上高、営業利益、営業
利益率などを業界の平均値や同業他社と
比較することでわかります。

 ほかの会社と比べると数字もピンと来や
すいです。成長性はどこを見ますか?

 その会社の過去の業績と比較して、伸び
率がどれくらいかを見ましょう。

 神山さん、倒産した契約先を確認してみ
てください。

 成長性も収益性もマイナスでした……。

営業利益率
会社の収益性を示す指
標のこと。「営業利益
÷売上高×100」で算
出される。

P/L で収益性、成長性をチェック

\ 稼ぐ力があるか？ /

☑ 会社の収益力を確認する

売上高→商品が売れているか
営業利益→儲けが出ているか

> 営業利益÷売上高×100
> ＝営業利益率（％）
>
> **本業の利益！**

営業利益は、売上高から仕入れや事業にかかる経費、従業員の給与などを差し引いた金額。その会社が事業（本業）でいくら稼いでいるかを示し、稼げていなければマイナスになる。

> **効率的に儲けているか**
> **業界平均、競合他社、**
> **同社の過去の数値と比べる**

中小企業の業種別営業利益率の平均

建築業	4.0%
製造業	2.7%
情報通信業	4.8%
卸売業	1.7%
小売業	1.6%

出所：中小企業庁（令和2年度実績）

売上高	10,600
売上原価	7,000
売上総利益	3,600
販売費及び一般管理費	
広告宣伝費	320
販売諸費	120
給料及び手当	950
退職給付費用	15
消耗品費	2
減価償却費	70
その他	233
販売費及び一般管理費合計	1,710
営業利益	1,890
営業外収益	
受取利息	30
雑収入	25
営業外収益合計	55
営業外費用	
支払利息	60
為替差損	50
営業外費用合計	110
経常利益	1,835
特別利益	30
特別損失	70
税金等調整前当期純利益	1,795
法人税、住民税及び事業税	165
当期純利益	1,630

\ 業績が伸びているか？ /

☑ 会社の成長性を確認する

売上高→年度ごとに上昇しているか
営業利益→年度ごとに上昇しているか

> 過去5年度分を
> 見よう！

貸借対照表と
損益計算書の関係

B/S と P/L はそれぞれ会社の財産の残高と利益を示した
ものですが、会社のお金の流れの面で連動しています。

ここまで説明してきた B/S と P/L は、組み合わせて見るとお金の流れがよりわかるようになります。

具体的にどこを見ればいいんですか？

P/L の当期純利益に10億円あるとしましょう。

ずいぶん儲けましたね。

この会社が儲けたお金は、次に会社の資産残高の一覧である B/S に書かれるわけです。

どこに書かれるんですか？

手元に残った返さなくていいお金だから、純資産の部ですよね。

はい。P/L の当期純利益の額が、B/S の純資産の増減と連動することを知っておくと、お金の流れがよりわかります！

当期純利益
税引前当期純利益から
支払うべき税金を指し
い引いた利益のこと。

P/Lの儲けとB/Sの純資産の関係

まずは押さえる！

**P/Lで最終的に残ったお金が
B/S（残高の一覧）に反映される**

P/Lに記載された最終的に会社が儲けたお金（当期純利益）がB/S
の純資産（利益剰余金）に反映され、純資産の額が増える。

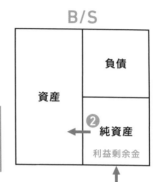

P/L

| 売上高 |
| 売上総利益 |
| 営業利益 |
| 経常利益 |
| 税引前利益 |
| 当期純利益 |

その年の最終的な利益は純資産に加算される

B/S

負債

資産

❷ 純資産
利益剰余金

❶

純資産⬆

**❶ 当期純利益が
利益剰余金に加わる**

その年、最終的に手元に残ったお金が、
設立以来の利益が積み重ねられている利
益剰余金に加わる。最終的に赤字になっ
た場合は、事業を継続するために、この
金額を取り崩すこともありえる。

資産⬆

**❷ 利益剰余金が
資産に加わる**

B/Sにおいて純資産のみが増えることはな
く、増えた利益剰余金を預金すれば、現
金及び預金が増える。例えばそのお金で
新たな機械を買えば、機械装置及び運搬
具という勘定科目の金額に反映される。

B/Sは会社の財務
状態を表している

➡

なぜ利益が増減し、純
資産が変動したのか？

➡

P/Lで利益増減の
原因がわかる

2つの関係性を整理しておきましょう！

稼ぐ力を比較する

同じ外食業界の企業の利益を比較しよう

 Q **吉野家と鳥貴族、儲かっているのはどちら？**

生活になじみ深い牛丼チェーンの吉野家（吉野家ホールディングス）と焼き鳥を主とした居酒屋チェーンの鳥貴族（鳥貴族ホールディングス）。同じ外食業界ながら牛丼と居酒屋、異なる商品を提供している両社ですが、どちらが儲けているのでしょうか。

当期純利益は吉野家が約11倍稼いでいますが、2022年度はコロナ禍で、通常であればない利益や損失が多く計上されています。

本業の調子はどうなのか、下記の2つのP/Lを見比べてみてください。

吉野家ホールディングス

P/L
(2022年3月1日～2023年2月28日)

（単位：百万円）

売上高	168,099
売上原価	59,772
売上総利益	108,326
販売費及び一般管理費	104,891
営業利益	3,434
営業外収益	6,429
営業外費用	1,122
経常利益	8,741
特別利益	2,438
特別損失	2,203
当期純利益	7,045

鳥貴族ホールディング

P/L
(2022年8月1日～2023年7月31日)

（単位：百万円）

売上高	33,449
売上原価	10,006
売上総利益	23,443
販売費及び一般管理費	22,025
営業利益	1,417
営業外収益	34
営業外費用	23
経常利益	1,429
特別利益	39
特別損失	421
当期純利益	616

鳥貴族のほうが収益性が高い

　売上規模では、吉野家が約1,680億円で約334億円の鳥貴族の5倍ほどを売り上げています。また、当期純利益は吉野家が約70億円、鳥貴族が約6億円と、吉野家が11倍ほどの差をつけています。

　これだけ見ると、吉野家のほうが鳥貴族より儲かっているといえますが、もう少し細かく見ると状況は異なります。

　売上総利益率は吉野家が約64.4％であるのに対して、鳥貴族は約70.0％。また、営業利益率（→P58）は吉野家が約2.0％に対し、鳥貴族は約4.2％と、本業の収益では、鳥貴族がより効率的に稼いでいるといえます。

　売上規模としては大きく差がある両社ですが、収益性では鳥貴族に軍配が上がります。

　ただし、鳥貴族の決算月は7月と、コロナ禍の影響が少なくなった時期ではあるため、その点は考慮する必要があるでしょう。

吉野家と鳥貴族の営業利益率

吉野家		
粗利	売上総利益率 →	約64.4％
本業の利益	営業利益率 →	約2.0％

鳥貴族		
粗利	売上総利益率 →	約70.0％
本業の利益	営業利益率 →	約4.2％

鳥貴族のほうが若干儲けていますね

金額の大小だけでなく、率で比較することで儲けの効率も見ることができます

キャッシュ・フロー計算書で資金の増減が見える

キャッシュ・フロー計算書（C/F）を見ることで、会社がどこにいくらお金を使っているかを確認することができます。

 財務三表の3つめ、C/Fでは、お金を何に使っているか、会社の資金がショート（不足）しないかを調べられます。

 みんな、あんなに仕事しているのに足りなくなるんですか？

 例えば、A社から商品を100万円で仕入れてB社に300万円で売ると、利益は？

 200万円です。

 でも、A社への支払いもB社からの支払いも、翌月のツケ払いだったら、今の手元にあるお金は？

 えっと……、0円ですかね。

 P/Lでは利益があっても、その間に支払いがあれば、黒字倒産してしまいます。そうならないように、C/Fでお金の流れを把握して管理するんですよ。

ツケ払い

商品やサービスの代金を後からまとめて支払う方法。掛け払いともいう。買掛金は、いわばツケで買って後で支払うお金のこと。

黒字倒産

帳簿上では利益が出ているのに、倒産してしまうこと。商品が売れていても、手元の資金不足で外部への支払いができなくなることなどにより生じる。

手元にお金がなければ倒産する！

取引先が倒産して資金が
ショート（不足）するケースもあります

50万円で仕入れた製品を
100万円で販売し、50万
円の利益が出ている。

仕入れ先

仕入れ →

販売 → 売り先

倒産

買掛金 50万円　　　　　　売掛金 100万円

今、お金がなくて
支払えません……

売り先が倒産して
入金されない……

黒字倒産

利益があるのに支払いに必要な資金がショートし、自社が倒産

C/Fの役割

C/F（2022年1月〜12月）

お金の流れ、使い方を示した書類。P/Lで
は利益が出ていても、手元にお金が入るま
でにタイムラグがある。そのため、C/Fで実
際のお金の出入りを確認する。

例えば……

2022年1月1日時点の現金　**100万円**

A社から入金　＋500万円
B社への支払い　－200万円

2022年12月31日時点の現金　**400万円**

お金の出し入れが
「＋」か「－」か確認

C/Fでは営業、投資、財務の3つのキャッシュ・フロー
と1年間で現金がどれだけ増減したかを確認します。

 実際にキャッシュ（現金）がなければ倒産してしまうことはわかりましたが、それにしても、会社のお金の出し入れの項目が多すぎて、よくわからないです！

 大丈夫。まずは3つのキャッシュ・フローを見ましょう。営業活動によるキャッシュ・フローは、本業で稼いでいるか。投資活動によるキャッシュ・フローからは、投資を積極的に行っているかわかります。

 財務活動によるキャッシュ・フローは、お金の借入や返済ですか？

 そうですね。ほかに株主からの出資などの増減がわかります。

 最後に書かれている金額は何ですか？

 年の終わり（期末）にキャッシュがいくらあるか。その上が期首にキャッシュがいくらあったか。右の表だと、1年間で210億円増えたことになりますね。

**営業活動による
キャッシュ・
フロー**

営業CF。会社の本来の営業活動によって得たキャッシュの増減を示す。

**投資活動による
キャッシュ・
フロー**

投資CF。設備投資や有価証券などへの投資によるキャッシュの増減を示す。

**財務活動による
キャッシュ・
フロー**

財務CF。金融機関などからの借り入れや返済などによるキャッシュの増減を示す。

期末

会計年度の最後の日を指す。

期首

会計年度の最初の日を指す。

C/Fで入ってきた・出たお金を確認する

本業で稼いだ/使ったお金

営業CF

＋ 本業で稼げている good!

━ 本業で稼げていない

営業活動で稼いだ、いわゆる本業で稼いだ、もしくは使ったキャッシュ（現金）が、内容ごとに記載されている。合計がプラスになっていれば、そのキャッシュが本業で入ってきたということ。

拡大に向けた投資のお金

投資CF

＋ 資産を売って縮小路線

━ 資産を買って拡大路線 good!

株式の購入/売却、固定資産の購入/売却などの額が記載されている。設備投資など将来に向けてどのくらい投資をしているかわかる。プラスであれば資産を売ってお金を工面しているため、縮小傾向といえる。

株主や銀行から入ったお金

財務CF

＋ 赤字補填などのため借入

━ 本業の収入でまかなう better

株主からの出資や銀行からの借入/返済などの額が記載されている。プラスであれば株主が増えたり、銀行から借入を行っていることになる。成長のためであれば一概にプラスがNGとはいえない。

営業活動によるキャッシュ・フロー	
税金等調整前当期純利益	400
減価償却費（リース車両除く固定資産）	340
減価償却費（長期前払費用）	40
減価償却費（リース車両）	310
減損損失	8
:	
法人税等の支払額	△150
営業活動によるキャッシュ・フロー合計	1,220
投資活動によるキャッシュ・フロー	
短期投資の純増減額（△は増加）	2
固定資産の取得による支出	△320
固定資産の売却による収入	30
リース車両の取得による支出	△800
リース車両の売却による収入	680
長期貸付による支出	△1
長期貸付金の回収による収入	3
:	
事業譲渡による収入	5
投資活動によるキャッシュ・フロー合計	△440
財務活動によるキャッシュ・フロー	
短期借入金の純増減額（△は減少）	△140
長期借入れによる収入	1,360
社債の発行による収入	200
:	
財務活動によるキャッシュ・フロー合計	△670
現金及び現金同等物の増減額	210
現金及び現金同等物の期首残高	1,800
現金及び現金同等物の期末残高	2,010

営業活動によるCF ＞ 投資活動によるCF ＋ 財務活動によるCF ▶ 優良企業
＋ ━ ━

「＋」「－」を見て
会社のフェーズを確認

営業、投資、財務と3つのCFの＋、－を確認することで、
その会社がどのフェーズにあるのかわかります。

 C/Fでは、会社の**フェーズ**を見ることも
できるのです。

 ……フェーズって何ですか？

 会社の成長段階のことです。

 そうですね。創業した会社が成長の段階
に応じて、何に力を入れて、どのように
お金が流れているのか、C/Fから判断す
ることができます。

 会社って、成長に合わせてお金の使い方
が変わるんですね。人間と同じですね。

 そうかもしれません。例えば、安定期に
はメインとなる事業で利益を出して、そ
の利益で事業拡大の投資と借入金の返済
を行っていたり、という感じです。一
方、創業期のベンチャー企業は本業の稼
ぎは少なくても、投資する額が多くなり
ますね。

フェーズ
会社の成長段階のこと
で、大きくは創業期、
成長期、安定期、拡大
期の4つに分けられ
る。段階ごとに事業戦
略も変わり、お金の入
り方、使い方も変わっ
てくる。

会社のフェーズごとの CF

\ 創業期 /

ベンチャー企業の CF

営業CF — まだ本業では稼げてない

投資CF — 成長に向けて積極的に投資をしている

財務CF + 運転資金や設備投資などのために借入している

将来への投資で成長拡大を狙う

創業して間もないうちは、まだ本業での売上は心許ない。しかし、成長していくために設備などに投資している。そのためのお金を株主から募ったり銀行からの借入で工面している状態。

\ 成長期 /

投資を推し進める企業の CF

営業CF + 本業が好調で稼げている

投資CF — 積極的に投資し拡大路線にある

財務CF + 投資のためのお金を借入で工面する

本業が好調でさらなる拡大を狙う

本業で稼ぎながらさらなる拡大路線に乗るために投資している。投資のためのお金を資産の売却などではなく、株主の増資や銀行からの借入などを増やして工面している状態。

\ 衰退 /

業績が下降気味の企業の CF

営業CF — 本業が不調で稼げず赤字

投資CF + 固定資産を売却してお金を工面する

財務CF — 銀行からの借入を返済している

縮小傾向にありお金の工面に精一杯

本業で赤字のため、運転資金などに困って自社の工場、事業所など固定資産を売却してお金を工面している状態。さらに銀行からの借入の返済も必要で、稼ぐための資産もなくなり、じり貧の状態。

キャッシュ・フロー計算書の見方

お金の使い方からわかる 会社のフェーズ

 Q サイボウズは今、どんな方針をとっている？

会社のお金の使い方を見れば、フェーズがわかります。フェーズとは、会社がどんな方針で経営をしているか、またはその状況のことです。例えば、駆け出しのベンチャー企業なら設備拡充や認知度アップの

ために、投資資金が増えるでしょう。そんな会社のお金の使い方は、C/Fを見て判断できます。下のクラウドサービスを提供するサイボウズのC/Fを見ながら会社のフェーズを考えてみましょう。

C/F（2022年1月1日〜12月31日）	
（単位：百万円）	

営業CFは「＋」

営業活動によるキャッシュ・フロー	
税金等調整前当期純利益	938
減価償却費	1,536
：	
営業活動によるキャッシュ・フロー	1,328

投資CFは「−」

投資活動によるキャッシュ・フロー	
有形固定資産の取得による支出	△2,854
無形固定資産の取得による支出	△128
：	
投資活動によるキャッシュ・フロー	△3,121

財務CFは「＋」

↓

ということは……？

財務活動によるキャッシュ・フロー	
長期借入れによる収入	2,800
長期借入金の返済による支出	△319
：	
財務活動によるキャッシュ・フロー	1,929

「投資フェーズ」にある

会社の経営がよいとき、苦しいとき、または時代の流れが変わったとき……。経営者は常に会社としてどのようにお金を使えばよいかを考え、経営方針を決めていきます。つまり、お金の使い方を見れば、会社のフェーズがわかるのです。

サイボウズのキャッシュ・フローの状況は、営業CFと財務CFが増加し、投資CFが減少しています。

このことからわかることは、サイボウズは今投資に力を注ぐ「投資フェーズ」にあることです。

実際にサイボウズは、よりよい労働環境づくりのために東京オフィスの改装工事を行ったり、ユーザー数が増えているクラウド事業の強化のひとつとしてクラウドサービス用のサーバーを増設するなどしています。

こうした活動は会社の未来のためにお金を使う投資です。投資CFがマイナスであっても、そのほかでプラスならば投資の結果が出ていると判断して、経営状態はよいと考えましょう。

サイボウズのフェーズ

 営業CF **＋**　会社の本業できちんと利益を出してお金を稼いでいる

投資CF **ー**　事業拡大のために設備投資をしたり、認知度向上のために広告費をかけたりしている

財務CF **＋**　投資を行うために株主からの出資や銀行からの借入を受けてお金を工面している

サイボウズは投資フェーズにいるね

有価証券報告書は
どこを見ればいい?

↓

[3つの要点に絞って見る!]

「有価証券報告書」は、金融商品取引法において利害関係者や投資家が安心した環境で取引を行えるよう、上場企業に作成が求められている書類です。事業年度終了後3カ月以内に提出し、金融庁の「EDINET」などで公開されます。

この報告書はA4で実に200〜300ページ。とてもボリュームが多く、その企業の経営状態の詳細を知ることができます。とはいえ、すべてのページを確認するのはかなり骨が折れます。

そこで、「第一部【企業情報】」にある次の3つの項目に絞ってチェックするとよいでしょう。

①第1【企業の概況】
　1【主要な経済指標等の推移】

過去5年分の売上や利益が一覧になっています。時系列に沿って見ることで、会社の収益性や成長性がわかります。

②第2【事業の状況】
　2【経営者による財政状態、経営成績及びキャッシュ・フローの状況の分析】

会社の状態を経営者の視点から分析しています。例えば売上がなぜ伸びたのかなど、その理由が述べられています。

③第4【経理の状況】
　1【連結財務諸表等】

B/SやP/Lなどの財務諸表を見ることができます。また、連結とは企業グループ全体を示し、単体とは親会社のみのものとなっています。

第3章

簿記・財務会計で見えること

ストーリー

第3章では最初に簿記、次に「財務会計」を学びます。財務会計の目的は、会社の1年間の成績を決算書にまとめて利害関係者に報告することです。この決算書で取引先との契約を決めたり、金融機関からの借入が決まったりもするため、とても重要な書類です。神山は財務会計を学んで、会社のお金の流れを理解していきます。

今年の事業の成果をまとめよう

決算書

今年はたくさん利益が出たな

会計の営業活動を記録する簿記

財務会計のもととなるのが簿記です。簿記は経理だけでなくすべてのビジネスパーソンが知っておくべき知識です。

 財務会計（→P26）を学ぶ前に、まずは簿記から学んでいきましょう。簿記は財務会計のために欠かせないものです。

 簿記こそ経理の人だけが知っていればいいと思うのですが……？

経理
会社の営業活動やそれに伴うお金の流れを記録する業務、または職種のこと。

 従業員の営業活動はすべて簿記によって記録されています。その積み重ねで決算書がつくられ、利害関係者に報告されているんです。つまり……？

 僕も関係あるってことですね！

 その通り！　簿記を覚えれば、私たちの日々の成果が、どうやって決算書に反映されているのかがわかるようになるんですよ。

 簿記ができればビジネスにおけるお金の流れも細かくわかりますし、キャリアアップにもつながります。経理部ではなくとも、ビジネスパーソンなら基本を押さえておきましょう！

簿記の種類と役割

会社の日々の**お金の流れをルールに従って記録**する

会社では、多額のものから数千円、数百円といった少額のものまで、さまざまな
理由・目的でお金が入ってきたり、出ていったりする。そのすべてを簿記を用い
て記録する。

簿記には単式簿記と複式簿記がある。単式簿記はひとつの取引をひとつの勘定科目にまとめ、収
入の合計から支出の合計を引いて現金がいくら増減したか把握する。複式簿記はひとつの取引にお
けるお金の増減を分けて、複数の勘定科目で計上する。多くの会社では複式簿記が採用されている。

事務作業のため
ペンを買った

\ 単式簿記ではこう書く！ /

支出	残高
消耗品費 100円	49,900円
勘定科目	残高

会社の残高が5万円の
場合、5万円ー100円で
4万9,900円になった

事務作業のため
ペンを買った

\ 複式簿記ではこう書く /

借方	貸方
消耗品費 100円	現金 100円
勘定科目	勘定科目

会社のお金が
100円減った

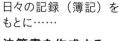

日々の記録（簿記）を
もとに……

決算書を作成する

簿記が
欠かせません

簿記は一体何を記すものなのか？

独特な単語が並ぶ簿記は、何を書くものなのでしょうか。
意味がわかれば、会社のお金の流れが見えてきます。

 結局、簿記ではどんなことを記録しているのですか？

 会社が行った取引すべてをルールに沿って記録しています。例えば、商品を販売して現金1,000円を手に入れたら、「資産が1,000円増えた」ことと「1,000円の収益が発生した」こと、2つの側面を記録します。

 お金が増減した結果とその原因を記すんですね。

 そうです。これを簿記では、左側の借方（かりかた）に「現金1,000円」、右側の貸方（かしかた）に「売上1,000円」と仕訳し、帳簿に計上するわけです。

 急に難しくなりましたね。借方、貸方って……？

 細かいところまで覚えなくても、まずは「統一されたルールで記録されている」ことだけを知ってもらえればOKですよ。

借方
複式簿記で用いられる概念のひとつ。帳簿の左側に記載され、必ず貸方と一致する。

貸方
複式簿記で用いられる概念のひとつ。帳簿の右側に記載され、必ず借方と一致する。

仕訳
会社が行ったすべての取引を借方と貸方に分類し、勘定科目や金額を帳簿に記録すること。

帳簿
会社の経理などにおいて作成される書類のこと。お金の流れが記録された帳面や台帳を指す。B/S、P/L作成の基礎となる。

計上
帳簿に記入し、勘定すること。

簿記は何を記録している?

会社のお金の流れの「結果」を
簿記で記録します!

**現金
売上** 売上が現金で入金された場合

\ 簿記ではこう書く! /

**店舗で商品を売り、
客から1,000円を
受け取った**

借方	貸方
現金 1,000円	売上 1,000円

勘定科目　　　　勘定科目

⇒ 会社に1,000円が入ってきた。その理由は1,000円分
の売上があったから。

**掛け
売上** 商品を掛け(ツケ)で売った場合

\ 簿記ではこう書く! /

**1,200円の商品を
納品し、後日、料金
が入金されることに**

**1カ月後に料金が入
金された**

日付	借方	貸方
9/5	売掛金 1,200円	売上 1,200円
10/5	現金 1,200円	売掛金 1,200円

⇒ 9月5日に会社に1,200円の売掛金が発生した。その理
由は売上がたったから。そして、10月5日に会社に1,200
円が入ってきた。その理由は売掛金を回収したから。

借方・貸方

左側の欄が借方、右側の
欄が貸方と呼ばれる。「貸
す」「借りる」といった意
味はなく、単なる項目の名
称である。

**勘定科目は資産、負債、純資産
(B/S)と収益、費用(P/L)
の5つに大別されます!**

決算書作成の流れを把握

決算書のつくり方を押さえよう

Q 決算書はどのようにつくるのか?

決算書はいくつかの書類からなるものです。代表的なB/S、P/L、C/Fの3つは「財務三表」とも呼ばれ、重要な書類となっています。また、これらに加えて株主資本等変動計算書などの書類も必要となることがあります。

インターネット上で公開されている上場企業の決算書を実際に見てみると、何ページにもわたって会社のすべての取引や経営成績がまとめられ、細かい数字が並んでいることがわかるでしょう。とても容易ではないということがわかります。

一体、決算書は具体的にはどのようにつくられるのでしょうか。

決算書の作成の大まかな流れ

帳簿への計上

以降、6ステップ
を踏んで……

決算書を作成

決算書作成の
手順は……?

経理部が簿記を
用いて仕訳

上場企業に作成が義務
づけられている決算書
(財務諸表)の種類

・B/S
・P/L
・C/S
・株主資本等変動計算書

A 6つの段階を踏む

会社が行った取引は経理部によって日々帳簿に計上され、そのまとめとして決算書が作成されますが、その間に下の図のような手順を踏みます。

まず、事業年度内の業務として会社が行った取引は仕訳帳に記載し、総勘定元帳（そうかんじょうもとちょう）に集約します。いうなれば、仕訳帳はメモ書き、総勘定元帳はメモの集計にあたります。

事業年度が終わったら本格的に決算書の作成に入ります。はじめに決算書のドラフトとして決算整理前残高試算表を作成します。

次に決算整理前残高試算表の調整として決算整理仕訳を行います。これは決算のときにだけ行う特別な仕訳のことで、例えば減価償却など、会社の取引以外で発生する仕訳を行うのです。

調整を入れたら、次は決算整理後残高試算表を作成します。これは決算書の下書きにあたるものです。

ここまでの段階を経て、ようやく決算書を作成します。

また、一般の企業は年1回の作業となりますが、上場企業は年に4回、決算報告を行わなくてはならないため、3カ月ごとにこのフローを行う必要があります。

決算書作成のフロー

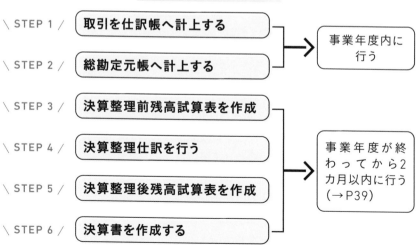

\ STEP 1 / **取引を仕訳帳へ計上する**
\ STEP 2 / **総勘定元帳へ計上する**
→ 事業年度内に行う

\ STEP 3 / **決算整理前残高試算表を作成**
\ STEP 4 / **決算整理仕訳を行う**
\ STEP 5 / **決算整理後残高試算表を作成**
\ STEP 6 / **決算書を作成する**
→ 事業年度が終わってから2カ月以内に行う（→P39）

財務会計には 3つの基準がある

決算書の作成や簿記にはルールがありますが、それらは誰もが見てわかる財務会計を行うために必要です。

 簿記や決算書ってすごくルールが多そうですよね……。

 14ページで話したように、利害関係者に経営状態を伝えるために決算書をつくる＝財務会計があります。いろんなビジネスがあるので、ルールに沿ってつくらなければ、第三者が見ても意味がわかりませんからね。

 何から覚えればいいんですか？

 会計基準は大きく3つありますが、まずは日本会計基準を覚えればOKです。

 3つもあるんですか？

 はい。後は米国会計基準とIFRSという海外の会計基準があります。各国が時代やビジネスの変化に合わせて試行錯誤してきた結果です。どれを採用するかは会社の自由。例えば国内外に子会社のある会社はIFRSを採用して、統一した会計が行えるように工夫をしています。

会計基準
財務会計において財務諸表を作成する際に用いられるルールのこと。日本では大きく3つの会計基準が認可されている。

日本会計基準
日本独自の会計基準。日本の多くの会社が採用している。

米国会計基準
アメリカで採用されている会計基準。

IFRS
国際財務報告基準（International Financial Reporting Standards）のこと。EU諸国を中心に採用されている。

会計基準とは何か

会計基準 = 財務諸表を作成する際のルール。

会社は3つの会計基準のなかから基準を選んで、財務会計を行っている

⇒ 国ごとに経営環境が異なるため、その環境に合わせて会計基準が設けられている。グローバルに展開する企業も増えてきたなかで、国際基準を適用する動きもある。まずは多くの日本企業が採用している日本会計基準を押さえておこう。

3つの会計基準とは何か

＼ 国内で主要 ／
日本会計基準

日本独自の会計基準。多くの会社がこの基準を採用しているが、国際的にはマイナーな基準といえる。本書では日本会計基準をもとに説明を行う。

国内での事業を主とする企業が採用

まずはこの基準がわかれば十分！

＼ アメリカでは必須 ／
米国会計基準

アメリカで採用されている会計基準。日本企業でもアメリカで上場する場合は米国会計基準またはIFRSをもとに財務諸表を作成しなければならない。

アメリカの株式市場に上場することを狙った企業

＼ EU では必須 ／
IFRS
（国際財務報告基準）

国ごとに会計基準が異なるなかで世界共通となることを目指して策定された会計基準。EU内の上場企業では採用が義務化されている。

海外での事業を推し進める企業が採用

海外にある子会社の管理のしやすさ、海外での資金調達のしやすさなどから上場企業を中心にIFRSを採用する会社が年々増えています

費用と収益は紐づけて計上する

会社の利益を適切に計算するために必要な P/L に計上するときのルールを知っておきましょう。

 ここからは、実際にP/Lに計上するときのルールを学んでいきましょう！

 覚えなければいけないルールが、やっぱりたくさんあるんですよね……？

 そう焦らずに、一つひとつ覚えていきましょう。まず覚えてほしいのは「費用と収益を紐づけて計上する」ことです。

 「お金が増減した」という現象に対して、原因と結果を紐づけておくということですね？

 お金が理由もなく増えたり、減ったりしませんしね。

 はい。これを費用収益対応の原則といい、会計の超基本的なルールのひとつです。この原則には個別的対応（→P84）と期間的対応（→P86）の2つがありますが、それは次ページ以降で詳しく解説します。

費用収益対応の原則
同じ会計期間の費用と収益を一致させる原則のこと。費用は支払ったときに計上するのではなく、費用の結果、生み出された収益と対応させて計上しなければならない。

費用と収益を紐づけて計上する

商品Aに関する費用と収益が異なる年度に出入りする場合

紐づけて計上しなければ、費用と収益の関係がわからない

	費用	収益	利益
X1年度	仕入れ 400万円 外注費 200万円		－600万円
X2年度		商品Aの 代金（売上） 1,000万円	＋1,000万円

商品Aを
つくるために
かかった
費用

商品Aを売って
得た収益

対応

紐づけて計上すると……

	B/S	P/L		
	商品	費用	収益	利益
X1年度	600	0	0	0
X2年度	0	600	1,000	400

X1年度の
仕入れと外注費は、
無駄には
ならなかった
んだね

適切な利益が
算出できる

収益を得るために600万円を費やし、
1,000万円を売り上げた。その結果、
400万円の利益が出たことがわかります。

個別的対応で
商品をベースに計上する

仕入れた商品が期間内にすべて売れず、次年度も在庫を抱えることになった場合は、どのように計上するのでしょうか。

 突然ですが、問題です。商品3個を150万円で仕入れ、100万円で1個売れました。利益はどう計上するでしょう？

 費用と収益は紐づけて計上だから、費用150万円、収益は100万円ですか？

 まだ1個しか売れていないので収益100万円は正解ですが、費用は50万円です。

 売れた商品は1個だから、商品1個あたりにかかった費用だけを計上するということですね。

 はい。神山さんの計算では、商品が売れたにもかかわらず50万円の赤字となってしまいますからね。このように商品など特定の対象を媒介とした費用と収益の対応を個別的対応といいます。

 売れ残り分の商品はどこに……？

 いい着眼点ですね！　売れ残りは会社の資産としてB/Sに計上するんですよ。

個別的対応
商品の売上高（＝収益）とその収益のもととなる売上原価（＝費用）を商品別に費用と収益の因果関係がわかるように計上すること。「直接的対応」ともいわれる。

期間内に売れた分の費用を計上する

商品3個を150万円で仕入れ、
1個100万円で販売した

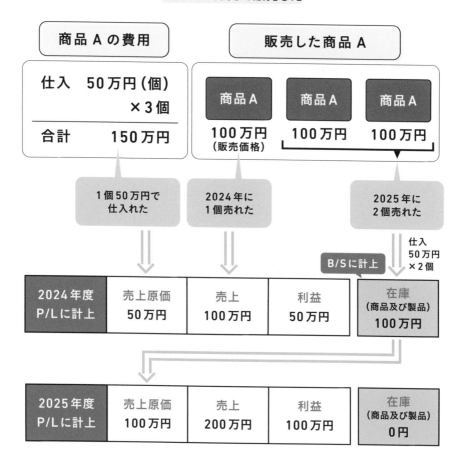

商品Aの費用

仕入　50万円（個）×3個
合計　　　150万円

販売した商品A

商品A	商品A	商品A
100万円（販売価格）	100万円	100万円

1個50万円で仕入れた

2024年に1個売れた

2025年に2個売れた

仕入50万円×2個

B/Sに計上

2024年度P/Lに計上	売上原価50万円	売上100万円	利益50万円	在庫（商品及び製品）100万円

2025年度P/Lに計上	売上原価100万円	売上200万円	利益100万円	在庫（商品及び製品）0円

発生した費用のうち、その期間に利益を獲得するために必要となった費用だけを対応させます！

計上③

期間的対応で
期間をベースに計上する

収益にかかわらず、その期間にかかった販管費はその期間
に計上します。

84ページで「商品が売れたら費用を計
上する」と説明しましたが、収益と費用
の対応の仕方にはもうひとつ方法があり
ます。

もうひとつ!?　混乱しそうです……

こちらの方法はシンプルですよ。期間的
対応といって、その期間にかかった販管
費は同期間の収益に対応しているとみな
します。

例えば広告を出した場合、翌期の売上増
に貢献するかもしれないが、今期分の収
益に対応させるということですね。

その通りです。仕入れなどの費用は個別
的対応、給料や広告宣伝費、事務所の家
賃などは販管費は期間的対応とするとい
うことですね。

確かに、僕の給料を今年の収益分の貢献
と、来年の収益分の貢献に分けるのはむ
ずかしいですもんね。

期間的対応
期間をもとにして、間
接的に費用と収益の因
果関係がわかるように
計上する対応のこと。
間接的対応ともいわれ
る。

期間ごとに費用を計上する

1,000 時間分の清掃サービスを 300 万円で提供する契約をした場合

清掃サービス

| 2024 年 3 月 | 100 時間分を提供 |

費用が発生した
100 時間分は、契約金額の
10 分の 1 = 30 万円

販管費

従業員の給料
オフィスの家賃
など

その期間に発生した
販管費を計上

| 2023 年度 P/Lに計上 | 売上 30 万円 | 売上原価 20 万円 | 売上総利益 10 万円 | 販管費 50 万円 | 営業利益 − 40 万円 |

外注スタッフ 時給 2,000 円 × 100 時間

900 時間分の売上

その期間に発生した
販管費を計上

| 2024 年度 P/Lに計上 | 売上 270 万円 | 売上原価 180 万円 | 売上総利益 90 万円 | 販管費 50 万円 | 営業利益 40 万円 |

外注スタッフ 時給 2,000 円 × 900 時間

従業員の給与は、来期の売上
のための仕事をしていても、
当期の売上に対応させます

効果が及ぶ期間に分けて費用計上する減価償却

業務で長く使い続ける資産は、どのように費用として計上するか解説していきます。

 営業部には社用車がありますよね。では、この社用車購入の費用は、どのように計上されると思いますか？

 費用は……、社用車を使って契約をとった日に全額を計上ですか？

 そんな計上をしたら、その案件、赤字になりますよ……。

 たしかに……。僕の営業成績がマズいことになる。

 社用車のように長年使うことを前提とした固定資産を減価償却資産といい、10万円以上の固定資産は減価償却という方法で費用を計上します。

 車は5〜6年は乗りますよね。

 そうですよね。車なら6年、ほかの減価償却資産も耐用年数に応じて費用を按分し、複数年に分けて計上していきます。

減価償却資産
業務のための建物や車、機械など、時間とともにその価値が減っていくとされる資産。

減価償却
購入した資産の価値が時間経過とともに減っていくという考え方から、使用可能年数に分けて計上する会計処理のこと。

耐用年数
減価償却資産を使用できる期間のこと。その期間に応じて資産（費用）の計上を行う。

減価償却のしくみ

減価償却　固定資産（1年以上使う資産）を使い続ける年数に分けて費用に計上する

社用車（新車）
6年で分けて費用計上

減価償却資産

取得した固定資産は時間が経つにつれ、経年劣化でその価値が減少していく。こうした年を経るごとに価値が減る固定資産を減価償却資産という。

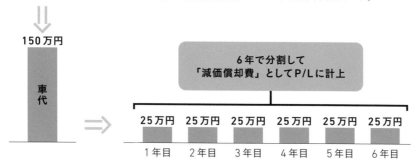

150万円

車代

6年で分割して「減価償却費」としてP/Lに計上

25万円　25万円　25万円　25万円　25万円　25万円
1年目　2年目　3年目　4年目　5年目　6年目

固定資産の種類と耐用年数

耐用年数

会計上は使用実態に合わせて決めるが、実務上は税法に合わせる。そして、税法上は省令で決められたものに従う。

特例

価格が10万円未満のものは、取得した年に全額を経費計上可能

耐用年数の例

種類	耐用年数	種類	耐用年数
パソコン	4年	小型車	4年
コピー機	5年	バイク	3年
レジ	5年	飲食店用建物	25年
エアコンなど	6年	事務所用建物	30年

特例

価格が10万円以上20万円未満の固定資産は一律3年間で減価償却可能

長期に渡る減価償却資産

日頃使っている設備の 減価償却について考えよう

Q **3400万円で工場にエレベーターを設置した。 毎年いくら計上する？**

前ページで解説したように、10万円以上の固定資産は、使える年数に分けて費用を計上する減価償却という方法を用います。

使える年数＝耐用年数は法で定められていますし、社用車やパソコン、接客用のソファなどは、なんとなく耐用年数をイメージできるのではないでしょうか。では、エレベーターの耐用年数は何年でしょう。

エレベーター代の3,400万円を、法で定められた耐用年数で割れば、毎年いくら計上すればよいのかわかりますよ。

ずっと使い続けそうな資産も原価償却する

普段、何気なく乗っているエレベーターも減価償却しているんですね

もちろん！　立派な会社の資産ですからね

エレベーターは延々と使えそうですが、耐用年数が決まっているんですか？

←耐用年数は国税庁の ホームページで確認 できる

まずは耐用年数を調べ、その年数で割ればいいですよ

17年間に分けて、200万円づつ計上していく

　エレベーターの減価償却の年数（法定償却耐用年数）は、17年と定められています。そのため、自社の施設にエレベーターを設置した場合、かかった費用の総額を17年で分けて費用を計上していきます。

　ちなみに、エレベーターの寿命は平均で20～25年ほどといわれています。もちろん、減価償却が終わった後も、性能に問題がなければ使い続けることになります。

　とはいえ、耐用年数は「一般論として、それくらいは正常な機能で使うことになるだろう」という年数で定められていますから、耐用年数はその固定資産のひとつの目安にはなるでしょう。あくまで、安全第一に運用していきたいものです。

　また、当然ながらエレベーター単体で存在していることはありえず、なにかしらの建物に付属しています。建物を建ててから年数が経ち、仮にエレベーターのみ設置しなおすことになった場合、エレベーターのみを新たな資産として計上することになります。

| 取得した費用 3,400万円 | ÷ | 耐用年数 17年 | = | 200万円 |

17年間、毎年計上する

長期に渡る減価償却資産の例

鉄骨鉄筋コンクリート造または鉄筋コンクリート造のもの	事務所用または美術館用のもの	50年
	住宅用、寄宿舎用宿泊所用、学校用または体育館用のもの	47年
金属造のもの（骨格材の肉厚が4mmを越えるものに限る）	事務所用または美術館用のもの	38年
	住宅用、寄宿舎用宿泊所用、学校用または体育館用のもの	34年

用途や構造によっても耐用年数が変わります

引当金①

将来発生する費用を
先に計上する「引当金」

事業を続けていると不意の費用や損失がどうしても発生します。そうしたときは会計上、どう処理するのでしょうか。

 計上のルールがいろいろあることがわかりました。ところで僕が契約した後に倒産した会社、もう代金が入ってこないことが決まっているわけですが……、これはどのように計上されるんですか？

 その件で私は営業部の報告資料を計算し直すようにいわれていますけど……。

 会計上は、引当金として処理することになります。

 なんか引き当てたみたいですね！

 確かに倒産を引き当てましたね……。

 字面はラッキーな感じがしますが、実際は将来的に発生する可能性が高い費用や損失を先に計上することをいいます。

 嫌なことは先に処理しておくとはいい心がけですね！　あっ……高橋さんの視線が痛いです……。

引当金
来期以降に発生することが予想される費用または損失に備えて、あらかじめ当期の P/L の費用として繰り入れ、同額を B/S の負債に計上する。

引当金の設定要件と意義

引当金はどんなときに設定できるのか

①将来の特定の費用・損失に関するもの
②その費用・損失の発生の原因が当期かそれ以前にある
③その費用・損失の発生の可能性が高い
④その金額を合理的に見積もることができる

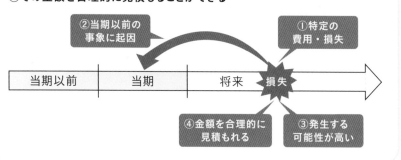

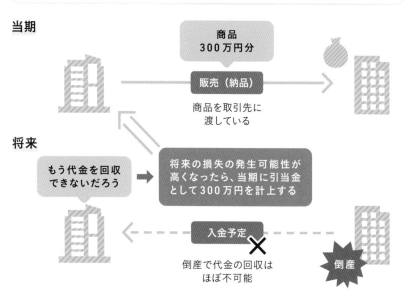

当期

商品
300万円分

販売（納品）

商品を取引先に
渡している

将来

もう代金を回収
できないだろう

将来の損失の発生可能性が
高くなったら、当期に引当金
として300万円を計上する

入金予定 ×

倒産で代金の回収は
ほぼ不可能

倒産

＼ 決算書にはこう書く ／

当期の仕訳	貸倒引当金繰入 300万円 / 貸倒引当金 300万円
	（P/L 費用）　　　　　　　　（B/S 負債）

貸倒引当金（→P94）

引当金②

将来の費用・損失に備えて引当金を用意しておく

引当金にはさまざまな種類があります。また、B/S の勘定科目にもあるので、主なものを知っておきましょう。

 92ページで紹介した「取引先が倒産してお金が入らないことがわかったときの引当金」を貸倒引当金といいますが、ほかにもいろいろな種類の引当金があります。

貸倒引当金
取引先の倒産などにより、売掛金や貸付金が回収できなくなる場合に備え、あらかじめ計上しておく引当金のこと。

 それを聞いてなんか安心しました。

 安心するところではないでしょう。それで、取引先の倒産以外ではどんな状況で引当金が必要になるんですか？

 例えば、来年工場の機械を修繕する可能性が高かったり、定年退職の人がいるから退職金を出すことが決まっていたり、といったときですね。

 お金が出ることが決まっているなら、それを踏まえて経営を行っていこうということですね。

 そうですね。将来の費用や損失に備えておくというイメージで考えるとよいかもしれません。

引当金の主な種類

B/Sの勘定科目にある引当金の意味を知っておこう

将来修理や返品にかかる費用

製品保証引当金

販売している製品・商品に不具合などがあれば1年以内は保証するといった契約を結んでいる場合、その保証にかかる費用を計上する。例年1%の商品を保証しているなどの実績があれば、それをもとに費用を算出する。

損害賠償などにかかる費用

訴訟損失引当金

訴訟事件などにより、損害賠償を求められている場合にその支払いに備えて計上する。また、現在進行中の訴訟であっても、敗訴の可能性が高い場合、損害賠償の金額を合理的に見積もったうえで訴訟損失引当金を計上する。

来期のボーナスを支払うための費用

賞与引当金

賞与の額の評価対象となる期間と実際に賞与を従業員に支払う時期は、多くの企業でズレが出てくる。例えば3月が決算月の会社で10～3月分までの評価で6月に支払う場合、賞与引当金として計上して、備える。

そろそろ修繕が必要になる場合

修繕引当金

定期的に行うような施設の設備や機器の修繕に備えて計上する。数年に1度行われるような大規模な修繕は、特別修繕引当金となる。

損失でも引当金とならない例

地震の損失

将来の特定の損失ではあるが……

- × 当期に会社が行ったことで将来地震が起きるわけではない
- × 地震が発生するか、発生して損害が出るか、誰もわからない
- × 地震が起こっていくら損害が出るかわからない

⇓

以上の理由から、地震損失は引当金には該当しない

引当金は万が一の備えではありません

「時価主義」と 「取得原価主義」

より客観性をもって、かつ実態に沿うように、資産や負債を帳簿に計上する際は2つの評価方法を使い分けます。

 資産を帳簿に計上するときのルールを紹介します。ポイントは値段です。

 買った値段のほかに何があるんですか？

 売値です。そのときの価値で計上する方法を時価主義といい、買ったときの値段のままで計上する方法を取得原価主義といいます。

 どのように使い分けるのですか？

 資産を取得した目的に応じて使い分けます。例えば工場建設のために土地を買ったら、その土地は使い続けるものなので、「いくらで買ったか？」が重要です。そのため取得原価主義で計上します。

 時価主義はどのようなときに？

 値上がりを狙って、資産運用のために株式を買った場合は売却が前提なので、「今いくらか？」が重要です。そのようなときは時価主義で計上します。

時価主義
会計における資産の評価基準のひとつ。資産を取得したときの原価にかかわらず、期末ごとの時価で計上する。

取得原価主義
会計における資産の評価基準のひとつ。資産を取得したときの原価で計上する。

資産の計上価格はどう決まる？

\ 売値で計上 /

時価主義

**取得した資産を時価で
再評価して資産に計上する**

特定の資産を決算期ごとの時価をもとに計上する。その資産の実態が反映されるため、実情を知ることができる。

例
- 投資のための有価証券
  （株式や投資信託など）
- 売却益を目的に買った不動産

デメリット

価格が常に変動するので、確定した価格がない。そのため、B/Sに反映させる価格が評価のタイミング次第になる。

\ 買値で計上 /

取得原価主義

**取得したときの
価格のまま資産に計上する**

資産の多くは取引時の価格で計上する取得原価主義で計上される。実際に取引した価格なので、信頼性が高い。その後、仮に値段が上がったり下がったりしても反映されない。

例
- 事務所・工場などの建物
- 土地
- 設備や機械装置
- グループ会社の株式 保有が目的

デメリット

価値が下がっていても、売却しない限り、実際の資産価値より高い金額がB/Sに載り続ける。

製造業が強かった日本は、かつて取得原価主義のみで計上していた。しかし、取得原価主義では株式などの金融資産の状況を正しく表せない。そこで時価主義でも計上されるようになった。

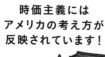

**時価主義には
アメリカの考え方が
反映されています！**

損失

損失と費用の違いを理解する

決算書を誤って読んでしまわないためには、会計における損失とは何かを知っておくことが大切です。

 ヘマをして損失を出しちゃった……。

 理由によっては、損失ではなく費用の場合もありますよ。

 費用と損失は別なんですか？

 別です。簡単にいうと、費用は収益獲得のためにかかったお金で、損失は収益獲得につながらなかったお金です。

 収益につながったかがポイントですね。

 はい。例えば、工場が火災に巻き込まれた場合。これは予期せぬ事態による損失であり、収益に貢献していない、特別損失として計上します。

 支出が発生しただけですもんね。

 ええ。ただ、家賃などは直接収益に貢献していませんが、日々の営業活動においては必要です。そのため、費用として扱うんですよ。

損失

通常の営業活動では意図しない原因によって生じた純資産の減少のこと。または、収益から費用を差し引いた残額がマイナスとなること（マイナスの利益の場合、損失となる）。

特別損失

臨時的に発生する損失のこと。特に営業活動以外で発生したもので、当期限りの損失のことを指す。災害損失や固定資産・投資有価証券の売却損などが該当する。

費用と損失、何が違う？

収益獲得のために出したお金が「費用」

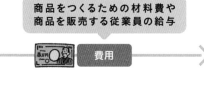

商品をつくるための材料費や
商品を販売する従業員の給与

費用

収益

商品の代金

自社　　　　　　　　　　　　　　　取引先

事業を行うのに必要な出費が費用に含まれる

商品を売るために直接関係せずとも、商品販売の事業を行うために
必要な出費はすべて費用である。事務所の家賃や従業員が健康に働
くための健康診断の料金も費用である。事務所を借りて、従業員が
そこに出社して営業活動をしたからこそ、結果的に売上があがる。

収益にまったく関わらないお金が「損失」

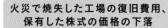

損失

火災で焼失した工場の復旧費用、
保有した株式の価格の下落

自社　　　　　　　　　　　　　　　支出した先

収益が期待できず一方的に
出たお金が損失になる

不測の事態で収益獲得にまったく期待で
きない状況で出たお金や、災害などで工
場や事務所、社用車などの資産がなくな
れば、それは損失として計上される。

その他にも、収益か
ら費用を差し引い
てマイナスの利益と
なったものを損失と
呼びます

現金主義

計上時期の考えは
現金主義から始まった

費用と収益を計上するタイミングは個別の事例で変わります。この考えは現金主義から始まりました。

 これまでいろいろな計上のパターンを見てきましたが、基本的な計上、つまり経理部が実際に帳簿に記載するタイミングはいつでしょうか？

 経費なんか領収書を提出したら、すぐに立替金をもらえるけど……、いつだろう。

 そのように「お金が動いた時点」で計上することを現金主義といいます。

 現金主義って何ですか？

 大航海時代に誕生した会計の考え方です。当時は船での貿易が盛んで、貿易の収支、船員の賃金や食料、船の燃料などは取引が発生する度、または航海が終わってから現金で精算されていました。それが発展して現金主義が生まれたんです。

 今はあまり聞きませんね。

 官公庁では今も使われているので、知識として覚えておくといいですよ。

現金主義
会計原則のひとつ。「実際にお金が動いたとき」にはじめて収益や費用として認識する概念。

大航海時代
15世紀半ば～17世紀半ばまでの、ヨーロッパ人による大規模な航海が行われた時代のこと。

現金主義の考え方

費用

商品をつくる材料などを仕入れた後、その代金を支払った日に計上する。ほかの費用なども収益の発生などと関係なく支払った日に計上する。

収益

商品を納品した後、代金が支払われた日に計上する。4月10日に納品して、5月末日に代金が支払われたら、5月末日にその金額を計上する。

メリット

より確実で管理の手間が少ない
現金の受け取り、受け渡しが計上の基準になるので、ミスが少ない。現在でも、ほぼ現金で取引している小規模事業者などが採用しているケースがある（青色申告者の特例として）。

デメリット

適正な期間損益計算ができない
商品を売った日と代金の入金日、仕入れた日と代金の支払い日が違うと、ある期間内の適切な利益が計算できない。売掛金が発生したまま翌期になると、当期の売上が極端に減ることになる。

現金主義は実際にお金が入った日、出た日で計上していくので会計上の不正がしづらいというメリットがある。しかし、それ以上にビジネスの実態を把握しづらいというデメリットがあり、第三者に経営状態を伝えることを目的とした財務諸表においては不向きである。

発生主義

現金主義の問題を 解決する発生主義

現金主義の時代を経て、発生主義が採り入れられます。発生主義では期間ごとの利益を適切に把握できます。

 19世紀に入ってから、欧米の鉄道会社における現金主義の会計で、費用についての問題が起きました。

 費用の問題って何ですか！？

 線路をつくるには多額の費用がかかるため、現金主義では最初の年だけ莫大な赤字になってしまったのです。そこで、**費用を按分して複数年に分けて計上する**ようになりました。

 それって、減価償却じゃないですか？

 その通りです。一気に計上するのではなく、期間や商品ごとに区切りをつけて計上していく考え方が広まり、やがて**発生主義**が確立されていきました。

 現金主義との違いはなんですか？

 発生主義は、現金のやり取りにかかわらず、費用と収益が発生した（取引した）時点で計上できるところです。

発生主義
会計原則のひとつ。お金の動きにかかわらず「取引が発生したとき」に収益や費用として認識する概念。

発生主義の考え方

費用

商品が完成した日、または仕入れた日に費用を計上する。ほかの費用なども収益の発生などと関係なく使用した日に計上する。

収益

実際に商品が売れるのは、その翌月、翌々月だったりするが、売れても売れなくても商品が完成した日、または仕入れた日に収益を計上する。

メリット

期間ごとの利益を適切に把握できる
「売っている（買っている）のに代金が入ってこない（支払っていない）ので計上できない」といったタイムラグが生じることを防ぎ、経営状態を適切に把握できる。

デメリット

収益を多く認識してしまうことがある
商品が完成した時点で「売れた」と認識したりすると、実際に商品が売れていない状況で収益が上がり、現実の経営状態と違ってしまうことになる。

線路をつくるには巨額が必要

現金主義の場合、初期投資が巨額な事業は事業開始当初は莫大な赤字となる。一方で、その後は巨額の返済があるのに黒字になってしまう。長く使う資産はその年の収益のみならず、以降の収益にも貢献するので、減価償却によって複数年にわたって計上する。

実現主義

収益で採用される 実現主義の考え方

収益の計上において、発生主義は問題がありました。そこで取り入れられたのが実現主義という考え方です。

 現金主義の費用問題を解決した発生主義ですが、今度は収益についての問題が出てきました。

 また問題が!?　今度は何ですか？

 例えば製造会社で「商品を引き渡す予定があるなら、商品をつくり始めた時点で収益計上すればいい」という発想が生まれてしまったのです。

 何が問題なんですか？

 売ってもない商品を収益計上する、という流れができてしまったのです。

 収益計上したはずの商品が在庫として残ったら、問題になりますね。

 そこで、収益計上には実現主義という考えが生まれたのです。実現主義にはさまざまな売上高計上基準があり、ビジネスの形態によって決めます。

実現主義
会計原則のひとつ。「商品を売ってお金を得ることが確定したとき」に収益として認識する概念。費用計上については発生主義を採用している。

売上高計上基準
実現主義において、収益計上する基準（タイミング）のこと。出荷基準、着荷基準、検収基準の3つがある。

費用は発生主義、収益は実現主義

費用
=
発生主義

取引が発生した、つまり材料など
を買った日に計上する。実際に
代金を支払うのは翌月、翌々月で
あったりするが、その期間の事業
の成果を把握できる。

収益
=
実現主義

実際に収益が実現した時点で、
収益を計上する。「収益が実現」
とは、例えば商品を納品したとき
など、入金の権利を得たタイミン
グとする。

主義ごとの収益を計上するタイミング

発生主義	実現主義	現金主義
取引が発生した タイミング	入金の権利を得た タイミング	入金された タイミング

売上高計上基準

出荷(発送)基準	工場や倉庫などから商品を出荷(発送)した日に売上を計上する。
着荷(到着)基準	取引先に商品を納品(到着)した日に売上を計上する。
検収基準	納品した商品を取引先が確認して問題がなかった日に売上を計上する。 試運転が必要なもの

日本では
収益は原則
実現主義です

各社のビジネスの状況
によって、いずれかの
基準を選択して、継続
して使用します

新しい収益計上の考え方「収益認識基準」とは？

新たな産業が生まれてビジネスが複雑になり、実現主義だけでは収益の計上の時期を設定しづらくなってきました。

 費用や収益の計上については、これまでに解説した3つが主ですが、2021年に新しい収益計上の考え方として収益認識基準の適用が開始されました。

 どういった基準なのでしょうか？

 例えば、建設会社の場合、建物をつくってお客さんに引き渡すまでに長い年月がかかりますよね。

 数年かかる場合もありますね。

 はい。となると、建設会社はその間、収益計上できません。

 実現主義だと、建物を引き渡さないと収益計上できないからですね。

 そこで、商品やサービスが完成するまでの達成度を決めて、その分を売上に計上するという考え方が生まれました。例えば「半分できたら売上金の50％を計上する」などです。

収益認識基準
2021年から適用開始された新しい会計基準。売上を「いつ」「どのように」認識し、収益に計上するかということを定めた基準

2021年度より始まった収益認識基準

現行の発生主義会計の適用

費用	収益
発生主義	実現主義 + 収益認識基準
従来通り	

収益認識基準

近年のビジネスの複雑化に対応できるように、5つのステップごとに売上金額を検討し、計上できるようにした基準。一概に納品していなくても売上を計上できるようになった。

2021年4月以降に開始する事業年度から、強制適用

主に
上場企業

収益認識基準による計上の例

サーバー 3年間保守サービス付きセット

	サーバー	3年間保守サービス	
X1年に販売	サーバー 70万円	3年間保守サービス 30万円	サーバー + 保守
X1年に納品	サーバー 70万円	3年間保守サービス 1年分提供 10万円	X1年に計80万円売上を計上
X2年に納品	−	3年間保守サービス 1年分提供 10万円	X2年に10万円売上を計上
X3年に納品	−	3年間保守サービス 1年分提供 10万円	X3年に10万円売上を計上

会社が会計時に従うべき「会計基準」って何?

[会計する上で守るべきルール!]

会社が会計する際に従わなければならないルールがあります。ひとつが80ページで説明した会計基準。そして、日本の会計基準の中には企業会計原則というものがあります。

企業会計原則とは、会計時の大元となるルールのことです。1949年に旧大蔵省（現金融庁）の企業会計審議会が、会計ルールを統一するために公表したもので、時代とともに対応できなくなった点について、補足するかたちで新たにさまざまなルールが設けられています。

この原則は法令ではありませんが、適正な決算書をつくるために必要なもので、真実性の原則、正規の簿記の原則など、7つの一般原則で構成されており、今も適用されています。

一方の会計基準も法令ではありませんが、会社法や金融商品取引法で定めている「公正妥当な企業会計」を行うために従うべきルールです。
日本の企業は多くが日本独自の会計基準（日本会計基準）に基づき決算書を作成しており、金融庁の企業会計審議会に始まり、現在は民間の財務会計基準機構の企業会計基準委員会が制定しています。現在でも、会計上の見積りの開示に関する会計基準や時価の算定に関する会計基準など、そのときどきのビジネスの状況に応じて新たな基準が設けられています。

第 **4** 章

管理会計で
見えること

営業部から開発事業部に配置転換になった神山は、管理会計を覚えることに。管理会計とは、会社の経営者に対して会計の報告を行うもので、経営者はそれをもとに経営方針や意思決定を行います。そのため、管理会計では日々の営業活動がどのようにして利益に結びついたかや、新事業を立ち上げるにはどのようなアプローチがよいかなどの分析が求められます。同期の阿部にも助けられながら、神山は新天地で新たな会計を学んでいきます。

なるほど

管理会計は何のために
必要なの？

会社のなかで主に経営の意思決定のために使われる会計が
管理会計。事業の採算性などをチェックします。

 今日から開発事業部、緊張するなぁ。

 わからないことがあれば何でも聞いてください
ださいね！

 阿部さん、お久しぶりです！　同期がいるのは心強いなぁ。ところで、開発事業部はどんな業務をするんですか？

 企画から販売までを一本化して行っています。採算性を検討するので、会計の知識が必須ですね。

 ここでも会計が必要に!?

 開発事業部に異動したそうですね。では管理会計（→P26）を学びましょう！

 財務会計と何が違うんですか？

 財務会計は社外の人へ、管理会計は社内の人へ財務状況などを報告するものです。管理会計は会社経営の判断材料となる、重要な役割がありますよ。

採算性
支出に対して、どれだけの成果を挙げられるか。100万円出して120万円の収益があった案件と150万円の収益があった案件では、後者が採算性が高いといえる。

管理会計の役割

管理会計	経営者が会社をマネジメントするために必要な情報を報告するためのツール

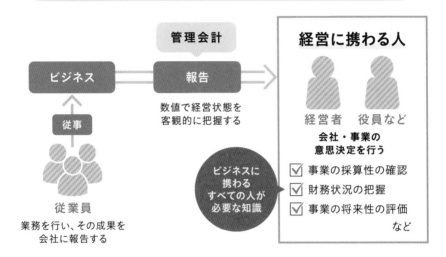

管理会計

ビジネス → 報告 → **経営に携わる人**

数値で経営状態を
客観的に把握する

↑ 従事

経営者　役員など

**会社・事業の
意思決定を行う**

従業員

ビジネスに
携わる
すべての人が
必要な知識

☑ 事業の採算性の確認

☑ 財務状況の把握

☑ 事業の将来性の評価

業務を行い、その成果を
会社に報告する

など

管理会計と財務会計の違い

	管理会計	財務会計
報告対象	社内の意思決定者 （経営者、役員、管理職 など）	外部の利害関係者 （金融機関、株主、取引先、 税務署など）
主な目的	経営の意思決定のため	企業の経営状況を 適正に伝えるため
数値	実績＋予測 （未来の数値をまとめる）	実績 （過去の数値をまとめる）
数値の記録、 集計の方法	各社独自の算出方法に もとづく	会計制度にもとづく

管理会計で必要な書類

予算管理表
原価計算書　など
（会社が独自に作成）

財務会計で必要な書類

貸借対照表（B/S）
損益計算書（P/L）
キャッシュ・フロー計算書（C/F）、など

利益率から
収益性を確認する

管理会計の大切な役割が利益率をチェックすること。利益率を見て収益性の高いビジネスか確認しましょう。

 管理会計で最も大切な利益率から学んでいきましょう。まずは簡単なおさらいから！ 5つの利益を覚えていますか？

 もちろんです！ 売上総利益、営業利益、経常利益、税引前当期純利益、当期純利益（→P57）ですよね。

 しっかり勉強してきたんですね。開発事業部の仲間として心強いです！

 会社が儲かっているかきちんと確認するためには、売上高に対する5つの利益それぞれの利益の割合（利益率）を見ていく必要があります。例えば、売上高に対する売上総利益の割合を売上総利益率といいます。

 この率が低いと、どうなんですか？

 原価がかかりすぎということですね。一概に何％の数値であればよい、悪いとはいえないので、同じ業界の他の会社や似たビジネスと比べてみてください。

利益率
売上高に対する利益の割合。「利益÷売上高×100」で計算される。このとき計算元の利益の種類によって利益率も異なる。

売上総利益率
売上高に対する売上総利益の割合。「売上総利益÷売上高×100」で計算される。粗利率ともいう。

利益率で儲けているか確認する

ビジネスが好調か確認する際には
下記の2つの利益率を確認しよう！

➡ 営業外の収益や費用が反映される経常利益や当期純利益を用いた利益率では、その会社のビジネスそのものが好調か否か判断しづらい。その会社のビジネスの実力を知るには、売上総利益率、売上高営業利益率を確認しよう。

売上総利益率（%）	＝ 売上総利益 ÷ 売上高 × 100

売上高営業利益率（%）	＝ 営業利益 ÷ 売上高 × 100

高級フレンチレストランの売上・利益

（単位；百万円）

売上高	10,948
売上原価（原価率）	4,574（41.8%）
売上総利益（売上総利益率）	6,374（58.2%）
販管費	5,633
営業利益（売上高営業利益率）	732（6.6%）

※株式会社ひらまつ　2019年3月期

\ 売上高営業利益率は◎ /

**売上原価が高いが
売上高営業利益率
が高い**

高級食材を仕入れるため、原価率が高いのが特徴。

大衆居酒屋の売上・利益

（単位；百万円）

売上高	35,847
売上原価（原価率）	10,719（29.9%）
売上総利益（売上総利益率）	25,128（70.1%）
販管費	23,938
営業利益（売上高営業利益率）	1,190（3.3%）

※株式会社鳥貴族　2019年3月期

\ 売上総利益率は◎ /

**原価を抑えつつ
平均的な営業利益率**

高級フレンチレストランと比較すると、大衆店であるため、原価率は低い。一方、店舗数が多いため、販管費は高い。

ROE と ROA を見て
収益性が高いかを知る

ここからは管理会計において収益性を分析するために使われる2つの指標、ROE と ROA について解説します。

B/S に自己資本（→P53）が記載されていましたよね。

はい。株主が出資したお金などですね。

株主が期待して出資してくれたお金。このお金を元手にどれだけ稼げるかが問われますよね。

その通り！　ROE という指標を使うと、自己資本でいかに上手に使って利益をあげているかわかります。

その数字が高いと株主も出資したくなりますね。

株主から集めたお金に加えて、会社が今もっている資産もうまく活かしたいですよね。

それがわかるのが ROA です。ROA で、会社の資産をどれだけ利益に結びつけているかがわかりますよ。

ROE

Return On Equity の略で、自己資本利益率のこと。自己資本を効率よく利益に結びつけているかを示し、株主資本利益率ともいわれる。投資家にとっては、出資金がどれだけ利益になっているかを判断する指標となり、投資先としてふさわしいかを見極める材料ともなっている。「当期純利益÷自己資本（純資産）× 100」で算出される。

ROA

Return On Assets の略で、総資産利益率のこと。会社が保有している資産を用いて、どれだけの利益を挙げているかを示す。会社目線の指標だが、投資家も重視する指標のひとつ。「当期純利益÷総資産× 100」で算出される。

収益性が高いか確認する

自己資本をもとにどの程度、利益をあげたのかわかる

ROE（%）
（自己資本利益率）　= 当期純利益 ÷ 自己資本 × 100

➡ 自己資本、つまり株主から集めた返済する必要のないお金を使って、どれだけ利益をあげることができたかがわかる。株主にどれだけ還元できるか、とも見ることができる。目安としては10%以上あると優良企業といえるが、業界、ビジネスモデルによって異なる。

ROEは
株主目線の
指標

業界ごとの ROE の平均値

目安は
10%以上

産業	ROE	産業	ROE
製造業	9.97%	小売業	7.47%
電気・ガス業	1.86%	物品賃貸業	7.76%
情報通信業	12.46%	飲食サービス業	4.70%
卸売業	12.89%	サービス業	14.00%

総資産をもとにどの程度利益をあげたのか？

ROA（%）
（総資産利益率）　= 当期純利益 ÷ 総資産 × 100

➡ 会社が保有している総資産を利用して、どれだけ利益をあげることができたかがわかる。会社は収益をあげるために施設や製造機器など色々な資産を保有しているが、そうした資産を効率的に利益に結びつけているか見ることができる。

ROAは
会社目線の
指標

業界ごとの ROA の平均値

目安は
5%以上

産業	ROA	産業	ROA
製造業	4.8%	小売業	3.0%
電気・ガス業	1.8%	物品賃貸業	3.2%
情報通信業	5.7%	飲食サービス業	3.4%
卸売業	4.2%	サービス業	4.8%

出典：「2022年経済産業省企業活動基本調査確報（2021年度実績）」（経済産業省）

ROEを細分化して
改善点を見つけよう

ROEを細かく見て財務を分析すると、改善点がよく見えて
きます。自己資本は効率よく使いましょう。

 ROEをより細分化すると、事業の改善
すべき点が見えてくるんですよ。

 細分化？　何を分けるのですか？

 ROEは前ページで説明した方法以外に、
ROA×財務レバレッジでも算出できるん
です。加えて、このROAは総資産回転率
という指標とROSをかけて算出します。

 ちょ、ちょっと待ってください……。む
ずかしくて。

 要は、ROEを分解すると❶財務レバレッ
ジ、❷総資産回転率、❸ROSの3つに
なるということです。

 要素を細分化することで、より具体的に事
業の問題点が見えてくるってことですね！

 その通りです。財務レバレッジで負債の
利用度、総資産回転率で総資産が何回売
上高になったか、ROSで利益をあげる
力が見えてきます。

財務レバレッジ
負債（借入金や社債
など）が、自己資本の
何倍になるかを示す指
標。財務レバレッジが
高いと、いかに負債を
利用して事業を利益を
上げているかがわかる。
「総資本÷自己資本×
100」で算出される。

総資産回転率
総資産が何回売上高に
なったかを示す指標。
総資産回転率が高い
と、どれだけ多くのも
のを売ったか、またど
れだけ多くのお客さん
を入れたかがわかる。
「売上高÷総資産」で
算出される。

ROS
Rate of Sales の略で、
売上高利益率のこと。
ROSが高いと、商品
1個あたりの利幅の大
きさや客単価の高さが
わかる。「当期純利益
÷売上高×100」で算
出される。

ROEを分解して分析する

ROEを構成する要素の数値で問題点、改善点がわかる

ROEは、さらにその要素を分解することができる。ROEを上げようとするとむずかしいが、分解した要素をひとつずつ改善していくことでROEを改善できる。

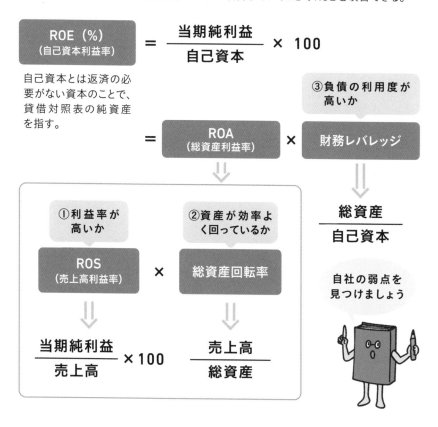

$$\text{ROE（％）（自己資本利益率）} = \frac{\text{当期純利益}}{\text{自己資本}} \times 100$$

自己資本とは返済の必要がない資本のことで、貸借対照表の純資産を指す。

③負債の利用度が高いか

$$= \text{ROA（総資産利益率）} \times \text{財務レバレッジ}$$

$$\frac{\text{総資産}}{\text{自己資本}}$$

①利益率が高いか

ROS（売上高利益率）

②資産が効率よく回っているか

総資産回転率

$$\frac{\text{当期純利益}}{\text{売上高}} \times 100$$

$$\frac{\text{売上高}}{\text{総資産}}$$

自社の弱点を見つけましょう

ROEを上げる（改善する）には……

①利益率を上げ、②資産を効率よく回し、③借入を活用する

ROEが低いのは、いずれかが十分でないということ

第4章 ▼▼ 管理会計で見えること

ROEを比較して
問題の本質を探ろう

実際に企業のROEを見てみましょう。企業間で比較すると、その特徴がよりわかりやすくなります。

 ソフトバンクグループとキーエンスのROEと分解した指標を比較したグラフを見てみましょう（→右ページ）。まずROEを見てください。

 2社とも高い水準ですね。

 でも、ソフトバンクは2020年にかなり低くなっていますよ？

 そうですね。そんなときにROEの要素を分解して見ていくのです。

 ソフトバンクのROEが下がっている2020年は、ROSだけが低いです！

 はい。なので、商品の利幅が全然取れていないことが問題といえます。

 翌年は問題が解消されてROSがとても高くなっていますね！

 指標を細分化し、本質的な問題が見えたからこそ、改善できたのでしょう。

ソフトバンクグループ

ソフトバンクやワイモバイルなどの通信事業やIT企業への投資など多様なビジネスを手掛ける。ファッション通販サイト「ZOZOTOWN」やQRコード決済サービスの「PayPay」なども展開。

キーエンス

自動制御機器、計測機器、情報機器などの開発および製造販売を行う。国内屈指の高収益企業としても知られている。

2社のROEを分解して比較する

ソフトバンクグループとキーエンスのROEを比較する

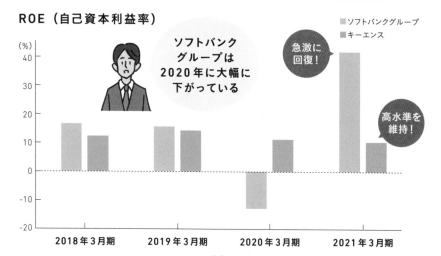

ROE（自己資本利益率）

■ ソフトバンクグループ
■ キーエンス

ソフトバンク
グループは
2020年に大幅に
下がっている

急激に
回復！

高水準を
維持！

2018年3月期　2019年3月期　2020年3月期　2021年3月期

2社のROEをROAなどに分解して見てみ
ると、それぞれの経営の特徴が見える。

ROE

ROA（総資産利益率）

	2018年3月期	2019年3月期	2020年3月期	2021年3月期
ソフトバンクグループ	3.4	3.9	-2.6	10.9
キーエンス	14.2	13.5	10.8	9.8

キーエンス⇒収益性が高い

総資産回転率

	2018年3月期	2019年3月期	2020年3月期	2021年3月期
ソフトバンクグループ	29.4	26.6	14.1	12.3
キーエンス	35.5	35.0	30.6	26.8

キーエンス⇒資産を効率的に回
している点が強みといえる

財務レバレッジ

	2018年3月期	2019年3月期	2020年3月期	2021年3月期
ソフトバンクグループ	5.0	4.0	5.1	3.8
キーエンス	1.1	1.1	1.0	1.0

ソフトバンク⇒負債を活用して利
益を出す点がROEの高さの理由

ROS（売上高利益率）

	2018年3月期	2019年3月期	2020年3月期	2021年3月期
ソフトバンクグループ	11.3	14.7	-18.4	88.6
キーエンス	19.9	18.5	15.9	36.7

ソフトバンク⇒2021年3月期の
ROSの上昇がROE上昇の理由

会社の将来性がわかる
フリー・キャッシュ・フロー

会社の経営状況を見る指標にフリー・キャッシュ・フローがあります。これが多い会社は経営状態が良好といえます。

 フリー・キャッシュ・フロー（以下、FCF）で、会社が自由に使えるお金がどれくらいあるか確認する方法を覚えていきましょう！

 FCFがたくさんあるほど、会社は色々な手を打てるということですね。

 FCFはP/LとB/Sを見て分析します。「税引後営業利益＋減価償却費－設備投資の増加額－運転資金の増加額」で……。

 待ってください、難しすぎます！

 C/Fを見ると簡単に計算できますよ。「営業CF（→P66）＋投資CF（→P66）」でOKです。

 事業で手に入れたお金から投資資金を差し引いて、余ったお金ということですね。

 はい。66ページでも触れましたが、営業CFと投資CFの＋・－で会社のフェーズを見ていくとよいでしょう。

> **フリー・キャッシュ・フロー（FCF）**
> 日々の営業活動で儲けたお金のうち、自由に使えるお金のこと。C/Fの「営業キャッシュ・フロー＋投資キャッシュ・フロー」で算出できる。C/Fがない会社が正確に計算するには「税引後営業利益＋減価償却費－設備投資の増加額－運転資金の増加額」で算出する。

FCF でできること

フリー・キャッシュ・フロー（FCF）
= 営業CF + 投資CF

商品の売上から仕入れ、経費など費用を差し引いた額

商品製造のための新たな機器導入などに使った額

= 税引後営業利益 + 減価償却費
− 設備投資の増加額 − 運転資金の増加額

C/Fがない場合はこの計算式で算出

\ 要注意！ /

投資CFがプラスで FCFが増えることも

投資CFは多くの場合マイナスになるが、不動産や株式を売却するなどして入金がありプラスになることがある。その場合は、その額を足したものがFCFとなるが、未来への投資を行わず、資産を売るなど後退する行為でFCFが増えるのは望ましい状況とはいえない。

FCFが会社を成長させる

本業で稼ぐ（営業CF）
▼
新たな設備などに投資する（投資CF）
▼
自由に使えるキャッシュ＝ FCF

さらに投資して収益拡大を目指す

そのうえで

・いったん貯めておいて、次の投資の機会に回す
・負債の返済を行う

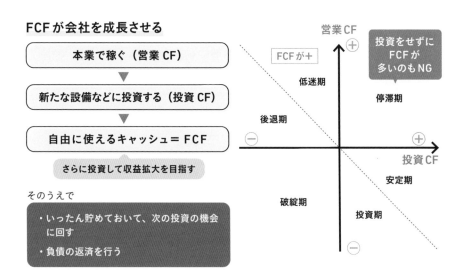

営業CF

FCFが＋

投資をせずにFCFが多いのもNG

低迷期

停滞期

後退期

投資CF

安定期

破綻期

投資期

会社の
成長性①

売上高成長率で
会社の成長性が見える

会社が成長しているか確認するのも管理会計の大切な役目。そして、それを端的に確認できるのが売上高成長率です。

 会社の成長度合いを調べるなら、売上高成長率も見ておくといいですよ。

 どういう指標なんですか？

 過去と比べて売上高がどれだけ拡大しているかがわかります。

 私も会社も右肩上がりを目指したいです！　どうやって計算するんですか？

 式もありますが、売上高成長率は決算短信の1ページ目を見れば簡単にわかりますよ（→右ページ）。会社の業態にもよりますが、10％あると好調だといえます。

 創業直後のベンチャー企業などでは目安が変わるんですか？

 伸びている会社だと、100％（2倍）を超えるところもあります。成熟した大企業がその数字を出せるかといったら難しいですし、会社の規模や経営状態も加味して数字を見ていけるといいですね。

売上高成長率
会社の売上が前年と比較してどれだけ伸びたかを見る指標。「売上高伸び率」ともいわれる。「(当期売上高－前期売上高)÷前期売上高×100」で算出される。

会社の成長度合いを確認する

売上高成長率（%）	＝（ 当期売上高 － 前期売上高 ）÷ 前期売上高 × 100

利益の源泉となる売上高が過去より増えているかがわかる

会社の利益は売上があってこそ。この売上高が伸びなければ、会社の拡大はない。大企業だと5〜10%、中小企業であれば10〜15%が成長の目安。マイナスであれば衰退期にあるといえる。

10%以上が目安です！

フェーズを確認！

創業直後の会社は高い数字になりがち
比較する売上の額が少なければ、成長率の数値も大きくなる。創業して間もないベンチャー企業などはその傾向があるので、会社がどのフェーズにあるのかも把握して評価する。

やった〜！

決算短信（→P39）で売上高成長率が確認できる

2023年3月期 決算短信〔日本基準〕（連結）

2023年5月11日

上場会社名 日産自動車株式会社　　　　　　　　　　　　　　　上場取引所　東

1. 2023年3月期の連結業績〔2022年4月1日〜2023年3月31日〕

(1) 連結経営成績　　　　　　　　　　　　　　　　　　　　　　　　　　%表示は対前期増減率

	売上高		営業利益		経常利益		親会社株主に帰属する当期純利益	
	百万円	%	百万円	%	百万円	%	百万円	%
2023年3月期	10,596,695	25.8	377,109	52.5	515,443	68.4	221,900	3.0
2022年3月期	8,424,585	7.1	247,307	—	306,117	—	215,533	—

注）包括利益 2023年3月期 606,837百万円（△12.0%） 2022年3月期 689,621百万円（−%）

対前年度からの成長率が記載されている

営業利益の対前年度の伸び率も記載されている。併せて確認したい

会社の
成長性②

営業利益成長率と
当期純利益成長率

ここでは本業で利益を出せているか、最終的な利益がきちんと出ているか、推移を確認する方法を紹介します。

 成長率はほかにもあって、特に営業利益成長率と当期純利益成長率は見ておきたいですね。

 どんな指標なんですか？

 営業利益成長率は、本業で稼いだ利益がどれくらい伸びているかを見る指標です。例えば、前年と比較して売上高は変わらないのに営業利益成長率が下がっている場合は、費用を使いすぎていると判断できるんですよ。

 比較すると、色々見えてくるものなんですね。当期純利益成長率はどんな指標ですか？

 当期純利益成長率は、すべての費用を差し引いた最終的な利益の伸び率を見る指標ですね。

 その通りです。株主に分配される配当はここから出ます。

営業利益成長率
会社の営業利益が前年と比較してどれだけ伸びたかを見る指標。「(当期営業利益－前期営業利益)÷前期営業利益×100」で算出される。

当期純利益成長率
会社の当期純利益が前年と比較してどれだけ伸びたかを見る指標。「(当期の当期純利益－前期の当期純利益)÷前期の当期純利益×100」で算出される。

営業利益成長率で何がわかる?

| 営業利益成長率 | = (当期営業利益 ー 前期営業利益)÷ 前期営業利益 × 100 |

売上高成長率は伸びているが、営業利益成長率は下がっているケース

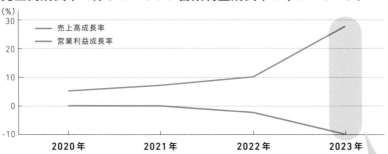

(%)
- 売上高成長率
- 営業利益成長率

30
20
10
0
-10

2020年　2021年　2022年　2023年

投資フェーズの
会社としては成果
をあげています

営業利益成長率はマイナスだが、投資のフェーズに
あるともいえる。売上高が拡大していれば、投資は成
果をあげているので、投資のフェーズにある会社で
は売上高成長率を重視したい。

売上高成長率とともに営業利益成長率が伸びているケース

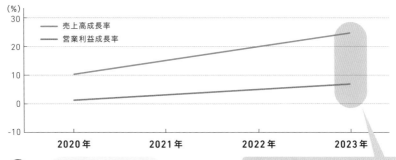

(%)
- 売上高成長率
- 営業利益成長率

30
20
10
0
-10

2020年　2021年　2022年　2023年

売上高成長率、営業
利益成長率ともに上
昇しており、good！

売上高成長率の成長に合わせて、
営業利益成長率も伸びている。最
ものぞましいかたちといえる。

125

成長中の企業の P/L、B/S の特徴

会社が成長しているか
チェックするポイント

Q　**どちらの会社が今後の成長を期待できる?**

　会社に求められるのは、いかに収益をあげ、利益を出していくかという2点です。経営者はそのための舵取りを行っていくことになります。

　下記は創設から5年経つ2社の売上の推移です。この2社のうち、ど

ちらが成長が見込めるか、考えてみてください。

　いずれも業績は右肩上がりですが、それぞれ特徴があります。成長のために必要なことは何か考えると答えが出るでしょう。

両社、右肩上がりの成績だが……

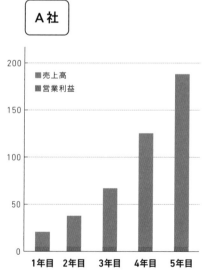

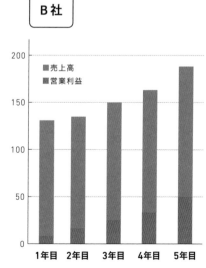

Ⓐ 売上高が急上昇中のA社が成長可能性大

A社、B社、いずれも右肩上がりですが、それぞれ特徴があります。

A社は売上高を急激に伸ばしながらも、営業利益の伸びはほぼありません。B社は売上高、営業利益ともに順調な伸びを見せています。

いずれも優秀な業績をあげているといえますが、成長性という点でより期待できるのはA社でしょう。

利益の源泉は売上にあります。市場でのニーズがあってこそ、顧客数、販売数を拡大できます。その結果が売上高の伸びといえるでしょう。

営業利益も売上高と同様にとても重要です。ただし、営業利益を増やす方法は2点。費用を削減するか、売上高を伸ばすか、です。費用の削減には限界がありますから、いずれにせよ売上高を伸ばす必要があり、そのポテンシャルをもった会社が今後、成長が期待できるといえます。

売上高成長率、営業利益成長率の2つの指標を見る際は、まず前者に注目するようにしましょう。

また、成長性を確認するための指標として、総資産成長率も確認しておきたいところです。

総資産成長率とは、B/Sに書かれた総資産が前年度と比べ、どの程度増えているのか見るものです。

第5章で解説しますが、事業は資産をいかにうまく使って収益をあげるかが重要です。この資産が増えているということは、事業をするための体力が増えたといえるでしょう。

売上高成長率、営業利益成長率とともに 総資産成長率もチェックしよう

総資産成長率（%）	＝（当期の総資産 － 前期の総資産）÷ 前期の総資産 × 100

積極的に事業に投資している会社は、この数値が上がる

総資産成長率が増えて売上高があがらない場合は、投資が失敗しているかもしれません

金額以外にも参考になる数値

会社の成長度合いを
決算説明資料で見てみよう

Q 会社が成長しているかを確認するのに、どのような数値が参考になる？

ここまで財務諸表の数字をいかに経営の意思決定に役立てるか、その方法を説明してきました。

確かに、決算書に書かれた売上や利益の額などはその会社の財務状況を端的に表していますが、ほかにも会社の状況を表す数値はたくさんあります。実際、決算短信や上場企業が決算の説明を行うための資料（決算説明資料）には、P/LやB/Sには記載されない数値がたくさん掲載されています。

事業が成長している理由は何か、新たに取り組んだビジネスは成功したのかをより深く知るために、決算短信や決算説明資料を見てみてください。さまざまな視点でとらえることで儲けのしくみがわかってきます。

では、具体的にどのような数値が参考になるでしょうか？

＼ ビジネスの規模の推移を確認する ／

サイバーエージェントの決算説明資料に記載されたインターネットテレビである「ABEMA」アプリのダウンロード数の推移。

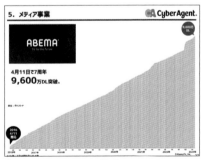

「ABEMA」のWAUの推移。WAUはWeekly Active Usersの略で1週間あたりの利用者数を示す。

Ａ ユーザー数や取扱高、シェアなどを確認する

　決算短信や決算説明資料には、その業種ごとに注目される数値が業績の好不調を示すバロメーターのひとつとして掲載されています。

　アプリを提供している会社であればダウンロード数、飲食チェーンを展開する会社であれば店舗数、鉄道会社であれば乗客数などです。

　これらの数値をさらに踏み込むと、例えば鉄道会社においては乗客数に加え、「旅客人キロ」という数値も扱われています。旅客人キロは、「乗客数×各乗客の乗車距離」で算出されます。たくさんの乗客が長い距離を乗れば、この数値は大きくなるので、鉄道会社の輸送規模の比較などに用いられます。

　一方で、アプリを提供している会社においてダウンロード数はビジネスの生命線のひとつといえるでしょう。アプリは有料のものと無料のものがあるので、必ずしも売上に直結するわけではありませんが、ダウンロード数が多ければアプリ内の広告を出稿してもらいやすくなるなどの効果があります。

　また、こうした数値と決算書に書かれた売上や利益などの金額を見比べていくことで、売上をユーザー数で割って客単価が上がっているのかなどを確認することができます。

決算説明資料で得られる数値

顧客の利用状況を示すデータ

- ☑ ユーザー数
- ☑ 商品の販売数
- ☑ 商品のラインナップ数
- ☑ ダウンロード数
- ☑ ユニークユーザー(UU)数・ページビュー（PV）数
- ☑ 店舗数

市場に関するデータ

- ☑ 市場規模
- ☑ 市場シェア
- ☑ 市場価格の推移

会社内の詳細を示すデータ

- ☑ 事業部ごとの売上高・営業利益の推移
- ☑ 事業部ごとの売上高の割合
- ☑ 販売地域ごとの売上高

損益分岐点

管理会計に欠かせない 損益分岐点の考え方

商品を何個売れば利益になるのか事前に計算することで、
仕入れ値や商品の価格を検討することができます。

 損益分岐点を検討するよういわれたので
すが、何かの分かれ道ですか？

 会社が儲かるか、損するかの分かれ道で
すね。まずは変動費・固定費を分けて出
すところからスタートです。

 仕入れの代金などが変動費ですね。

 はい。例えば、商品1個あたりの売上
（値段）が100円で、変動費にあたる仕
入れ代金が30円だと、商品1個あたり
の貢献利益は70円になります。

 ほかに給料など固定費もかかりますよね。

 はい。固定費が70万円と仮定すると、
利益を出すための販売個数が出てきま
す。「商品1個あたりの貢献利益（70円）
×A個−固定費（70万円）」を計算する
と、A＝1万個。これが損益分岐点です。

 利益を出すには商品を1万個以上売らな
ければならないということですね。

損益分岐点
売上高と費用が釣り合い、利益がゼロになる売上高や販売数量のこと。つまり、利益を出すには、どれだけの商品を売り上げればよいのかを割り出すことができる。

貢献利益
商品やサービスがひとつ売れた時の利益のこと。「売上高−変動費」で算出される。貢献利益を求めることで、各商品や各部門ごとに全体の利益にどれだけの貢献をしているかなどを分析することができる。

損益分岐点ってなんだ？

損益分岐点のしくみ

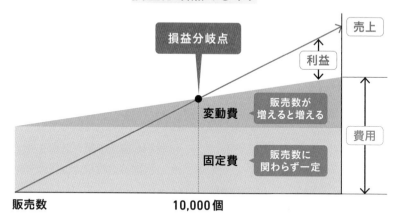

1個100円の商品を
何個売らなければ赤字になるかを算出する

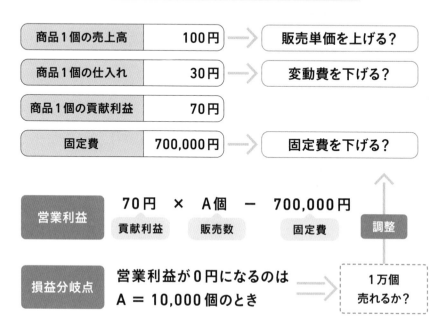

損益分岐点の分析と販売目標

販売計画の立て方を知っておこう

Q 下記の条件で販売した際、何個を目標にすべきか？

商品を製造するにも、販売するにも費用がかかります。「たくさん売る！」という目標だけ掲げて販売担当者を増やすなどすると、さらに費用がかかってしまい、「がんばって売ったのに赤字になった」ということにもなりかねません。

適切な製造、販売計画を立てるためには損益分岐点の確認は欠かせません。

では、下記の条件で商品をつくるとした際、何個売らなければならないでしょうか。

自社オリジナルのTシャツを販売

☑ Tシャツを1枚1,000円で仕入れる

☑ Tシャツを1枚2,000円で販売する

☑ 販売を1人で担当する
　（給与・交通費：月額20万円/月）

☑ 店舗の家賃15万円

収支トントンでは
仕方ないので、
利益を出せる
ようにしたい！

A 利益を出すために438枚売ることを目標にする

この場合、販売スタッフの人件費や店舗の家賃を足した35万円（固定費）を売値2,000円から仕入れ値1,000円（変動費）を差し引いた額で割った数字＝350枚売ると、収支が0円となります。すなわち、2,000円のTシャツを350枚売った場合の売上高70万円が損益分岐点となります。

ただし、70万円では利益はまったく出ません。仮に目標の販売枚数に達しなかった場合は即、赤字となってしまいます。

赤字か黒字かギリギリのラインを目標として販売計画を立てると商売になりません。

そこで目安としたいのが、損益分岐点比率です。一般的には80％を下回っていると優良といわれています。

損益分岐点比率80％以下を目標とすると、87万5,000円の売上が必要です。87万5,000円を売値2,000円で割ると437.5枚。つまり、今月、この店舗では438枚売ることを目標にするべきといえます。

もし438枚も販売するのはむずかしいと想定されるなら、売値を上げる、販売スタッフの給与を減らして固定費を下げる、などを検討する必要があります。

また、ひとつ注意したいのは、この損益分岐点の分析における固定費、変動費は、決算書をつくるときのような項目の定義が決まっているわけではありません。算出する際には、事業内容に応じて変動費、固定費を適切に設定することが大切です。

損益分岐点売上高と損益分岐点比率の計算

STEP 1 損益分岐点売上高 ＝ 固定費 ÷ （ 貢献利益 ÷ 売値 ）

損益分岐点販売量＝固定費÷1個あたり限界利益（限界利益＝売上高ー変動費）

700,000円 ＝ 35万円 ÷ （ 1,000円 ÷ 2,000円 ）

多少販売枚数が減っても大丈夫

STEP 2 損益分岐点比率 ＝ 損益分岐点の売上高 ÷ 実際の売上高

80％ ＝ 700,000円 ÷ 875,000円

在庫回転率

在庫回転率で在庫が滞っていないかを見る

商品が売れないと収益があがりません。効率よく在庫を販売に結び付けているか確認しましょう。

 在庫回転率という指標では、1年に在庫が何回転しているのかがわかります。管理会計に欠かせない知識なので、せひ覚えてください。

 在庫が回転したら危ないですよ！　重いものもあるでしょうし……。

 本当に回転しているんじゃなくて、商品が何回出入りしているか、ですよ！

 そうです。例えば在庫回転率が12回なら、1年に12回、つまり月に一度は在庫をさばけていることになります。

 生鮮食品などを売るスーパーなどではもっと多くなりますよね！

 はい。逆に宝石店など高価なものを売るお店は在庫回転率が低いです。業界によってさまざまですが、回転率が売上アップにつながるので、同じ業界のほかの会社と比べるなどして、しっかりチェックしておきたい指標となります。

在庫回転率
一定期間内に在庫が入れ替わった回数を示す指標。棚卸資産回転率ともいわれる。「売上高÷棚卸資産」で算出される。

在庫回転率の考え方

在庫をいかに効率的に
活用して収益をあげているか

在庫回転率（回）	= 売上高 ÷ 棚卸資産

※厳密には「（期首の棚卸資産＋期末の棚卸資産）÷2」

期間中の売上原価÷期間中の平均在庫金額で算出する場合もある。

> 棚卸資産：原材料及び貯蔵品＋
> 商品及び製品＋仕掛品など

回転が多い 仕入れてから（つくってから）売るまでの期間が短い。つまり、仕入れてから現金を回収するまでのスピードが速いということ。

回転が少ない 仕入れた（つくった）商品が売れずに在庫として残っている期間が長い。

**業種によって
目安は
異なります**

さらに いかに在庫を素早く
さばいているかをチェック！

**回転率より
体感的に
わかりやすい**

棚卸資産回転期間	= 棚卸資産 ÷ 売上高 × 12カ月

アパレル小売大手の棚卸資産回転期間

AOKI	2.13カ月
しまむら	1.58カ月
ファーストリテイリング	4.83カ月

※各社2021年度の決算より

\ 棚卸資産回転期間とは /

棚卸資産回転期間は、仕入れた商品などの棚卸資産がどれくらいの期間で販売されたかを示す。

埋没原価を知ると
スムーズな比較が可能

適切な意思決定を行うために、「埋没原価」という原価があることを知っておきましょう。

 業務中、どちらの案を選択するか迷うことがありますよね。

 たくさんあります。色々なことが脳裏をよぎってしまって……。

 昇進していくと、意思決定はとても大事な仕事になりますよ。神山さんの未来のためにも、選択に必要な考え方を説明しておきましょう。

 ぜひ、よろしくお願いします！

 まずひとつ覚えておきたいのが、埋没原価です。

 どちらの案を選んでも、影響を受けずに発生する原価ですよね。

 はい。ですので、計算するときは埋没原価を除く必要があります。入れて計算すると誤った回答を出してしまいます。

 判断ミスをしないように気をつけます！

埋没原価
意思決定に関与すべきでないお金のこと。複数の案があり、どの案を選択しても同じようにかかるお金を指す。

埋没原価のポイント

商品Aをつくる場合、2案ある

甲案

商品Aの材料をX社から1万円で仕入れて、Y社に2万円で加工してもらい、機械Bでつくる。

かかるコスト

材料費	10,000円
加工費	20,000円
機械Bの費用	20,000円

乙案

商品Aの材料をZ社から4万円で仕入れて、機械Bでつくる。

かかるコスト

材料費	40,000円
機械Bの費用	20,000円

甲案でも乙案でも機械Bの費用は同じ

選択に影響しない埋没原価

除いて検討する

埋没原価を除外して比較検討します。この場合、甲案が1万円、有利です

例 埋没原価を含めた誤った計算をすると……

商品Aの製造を受注し甲案でつくった場合

売上高		45,000円
材料費＋加工費		30,000円
機械Bの費用	誤り	20,000円
利益	誤り	-5,000円

受注したら、5,000円損をする?

機械Bの費用は埋没原価だから、除いて計算しましょう

機会原価

意思決定の際に必要な 機会原価の考え方

埋没原価と併せて意思決定の際に必要な機会原価について解説していきます。

 意思決定の際に、もうひとつ知っておきたい原価があります。

 どういう原価ですか？

 機会原価といって、**ある案を選択したとして、ほかの案を選択していれば得られたはずのお金**のことです。

機会原価
いずれかの案を選択する結果として、ほかの案を断念したことで得ることができなくなるお金。

 あのとき、あれをやっておけばよかったのに、とよく考えてしまいます……。

 その「あれをやっとけば」を事前にしっかり計算しておくと、適切な選択ができるわけです。

 神山さんは、「あれをやっておけば、いくら儲かったか」の算出がおかしいから、いつも判断ミスをするんですよ。

 あっ、えっと……機会原価をしっかり勉強して、願望を込めた金額で算出しないようにします！

機会原価のポイント

資金が限られるためどちらかの新商品を選択して販売する

商品 A

原価が70万円かかる商品Aは、売上が130万円が見込めるが、商品Bは販売不可となる。

商品 B

原価が100万円かかる商品Bは、売上が150万円見込めるが、商品Aは販売不可となる。

売上	130万円
原価	70万円
利益	60万円
機会原価	50万円
差額利益	10万円

売上	150万円
原価	100万円
利益	50万円
機会原価	60万円
差額利益	－10万円

50万円の利益を断念することになるが、60万円の利益が得られる

60万円の利益を断念し、50万円の利益を得ることになる

商品Bと比較して10万円有利なので、商品Aを選択する

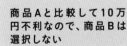
商品Aと比較して10万円不利なので、商品Bは選択しない

得られる利益と、もう一方を選んだとしたら得られる利益を差し引いて比較します!

戦術的意思決定で
適切な選択をする

例えばある商品の製造で継続するか、中止するか判断する
ときに役立つ「戦術的意思決定」の方法を解説します。

 先ほど埋没原価と機会原価について説明
しましたが、ここからは具体的にどのよ
うに判断し、意思決定していくかを説明
していきましょう。

 お願いします！　ちょうど明日、商品A
の製造販売を継続するか、中止するかを
決める会議があるんです。

 そうした日々の業務のなかで随時行われ
る意思決定を戦術的意思決定といいま
す。業務的意思決定ということもありま
すね。

戦術的意思決定
短期的な視点で製品の
販売にかかわること
を意思決定するなど、
日々の業務で行う意思
決定のこと。

 戦術的……？　どういう方法で意思決定
するのですか？

 差額原価収益分析という方法を用いま
す。2つの案をそれぞれ選択した際の計
算をして、収益にいくら差額が出るかを
分析するんです。計算の際には埋没原価
（→P137）を除くことを忘れずに。

差額原価収益分析
複数の案で収益や原
価、費用をもとに利益
を算出し、その差額を
算出することで有利な
案を選択する方法のこ
と。

 それなら正しく決められそうです！

戦術的意思決定の方法

例題 下記の条件の商品Aの製造販売は継続すべきか、中止すべきか

商品Aにかかわる収益・費用

販売価格	3,000円 / 個
原価（変動費）	2,000円 / 個
固定費	3,000,000円 / 年
販売可能量	1,000個 / 年

中止したとしても、事務所家賃やスタッフの給与など、固定費の60％は必ずかかる

製造・販売を中止しても必ずかかる経費（埋没原価）を含めずに分析する

継続した場合

売上高	3,000,000円
原価（変動費）	2,000,000円
貢献利益	1,000,000円
固定費	1,200,000円
利益	− 200,000円

固定費のうち60％は継続・中止いずれでもかかるので、3,000,000円×60％＝1,800,000円は埋没原価です

中止した場合

売上高	0円
原価（変動費）	0円
貢献利益	0円
固定費	1,200,000円
利益	− 1,200,000円

製造・販売を継続する

製造販売を中止すると収益は0円で1,200,000円の赤字。継続した場合は200,000円の赤字にとどまり、継続したほうが有利

労働者の働きぶりと
還元率を見てみよう

管理会計を覚えれば、収益に応じた適切な給料が従業員に
支払われているのかもわかるようになります。

 どうにか給料が上がらないかなぁ？

 もっと活躍してからですよ！

 そんな神山さんに、労働者への分配がきちんとなされているかが見える指標を教えましょう。

 そんなこともわかるんですか!?

 決算書を見れば、会社のことが何でもわかりますから。労働者への分配を見るには、労働生産性と労働分配率を見ていきます。

 どんな指標なんですか？

 労働生産性は「労働者1人あたりがどれくらいの価値を生み出したか？」がわかり、労働分配率は「労働者に対してどれだけ還元しているか」がわかります。

 私たちの働きぶりや給料が適正かを見るものですね。

労働生産性
労働者1人あたりの付加価値額を示す指標。労働の効率性を数字で計るもの。「付加価値÷労働者数×100」で算出されるが、このときの付加価値は、売上総利益や生産量に置き換えるとわかりやすい。

労働分配率
利益に対する人件費の割合。労働者に対してどれくらい還元されているかを見るもの。「人件費÷付加価値×100」で算出されるが、このときの付加価値は、売上総利益や生産量に置き換えるとわかりやすい。

従業員への還元は適正か

労働生産性（%） ＝ 付加価値 ÷ 労働者数 × 100

簡単に言い換えると、売上総利益（粗利）

従業員1人あたりの付加価値額。つまり、従業員1人あたり
いくら売上総利益（粗利）を稼いでいるのかを示す。

労働分配率（%） ＝ 人件費 ÷ 付加価値 × 100

簡単に言い換えると、売上総利益（粗利）

\ 適正かチェック /

**業界ごとに適正な
数字が異なる**

企業規模が大きいほど、労働分配
率は低くなる傾向がある。また、個
人のスキル次第のビジネス（コンサ
ルタントなど）ほど、労働分配率は
高くなる。低いほど営業利益をあげ
ることができるが、離職につながる
ため、適正な分配が求められる。

業界ごとの平均	
業界	**労働分配率**
製造業	50%
飲食・サービス業	60%
情報通信業	55%
不動産業	40%
電気・ガス業	20%

※経済産業省企業活動基本調査（2019年度実績）より

**50%が
目安です**

⇩

労働生産性に対して、
労働分配率は適正かを確認する

**高すぎても
低すぎても
NGです**

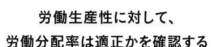

☑ **労働生産性が高いのに、労働分配率が低い**
➡ 稼いでいる割に従業員に還元されていない

☑ **労働生産性が低いのに、労働分配率が高い**
➡ 人件費の負担が大きく見直しが必要

公認会計士と税理士はそれぞれ
どんな業務をしているの?

[公認会計士は「監査」
税理士は「税務」を行う!]

会計の専門家として公認会計士や税理士が挙げられますが、何が異なるのでしょうか。

医者に担当の診療科があるように、会計という同じ業務のなかでも、公認会計士と税理士では「できること」と「できないこと」があり、それぞれ独占業務が異なります。

公認会計士は、「監査」を独占業務としています。利害関係者は財務諸表を見て投資先や取引先を決めることが多いです。そのため、書類に間違いがあっては大きな問題になってしまいます。そこで、会社が作成した財務諸表を第三者の目線から見て、監査を行うのが公認会計士の仕事です。

なお、「公認会計士」は国家資格の名称です。会計士と呼ばれることもありますが、同じ職を指しています。

税理士は、「税務代理」「税務書類の作成代行」「税務相談」を独占業務としています。

税制はとても複雑であるため、会社の経理部だけで納税を正確に行うのは難しいもの。そこで、財務諸表をもとに税金の申告書類の作成代行を行ったり、相談役になったりします。

また、どちらも独占業務以外に会計の専門家としてコンサルティングなどの業務を行っていることも多いです。

仮に業務を依頼する場合は、「何を依頼したいのか?」をよく考えてから、適切な専門家にお願いするようにしましょう。

第 5 章

ファイナンスで見えること

ストーリー

開発事業部から今度は経営企画部に異動になった神山。経営企画部は経営者の意思決定に必要な情報の分析や経営戦略の立案を行う、いわば経営者の右腕的な役割を担う部署です。神山はさらなる成長のため、経営の意思決定に必要なファイナンスについて勉強します。新しい上司の斎藤とともに、神山はファイナンスの目的を把握して、会社の価値を上げられるのでしょうか。

ファイナンス

企業の価値を最大化する「ファイナンス」

開発事業部から経営企画部に配属された神山。はじめに経営に欠かせないファイナンスの目的を覚えます。

 神山さんだね。高橋さんから聞いていますよ。よろしく！

 えっ、高橋さんから!?　お手柔らかにお願いします！

 高橋さんとは同期なんです。会計をしっかり学んだみたいですね。

 はい！

 経営企画部は経営に深く関わる部署です。ここではファイナンス（→P28）の知識が必要ですから、よく勉強してくださいね。

経営企画部
経営者の意思決定をサポートしたり、課題解決に取り組んだりする部署。

 あっ、白井さん！　ファイナンスって何でしたっけ？

 ファイナンスは「企業価値の最大化」を目的として、投資や資金調達について考える分野のことです。異動が続いてたいへんでしょうけど、経営企画部でもはりきっていきましょう！

ファインスの目的

ファイナンスとは？

企業価値を最大化するための
お金の集め方・使い方を考え、決定すること。

具体的には……

①どのように投資すれば企業価値が最大化するか
②どのように資金調達すれば企業価値が最大化するか

未来の
お金の流れを
扱います！

ファイナンスの位置づけのおさらい

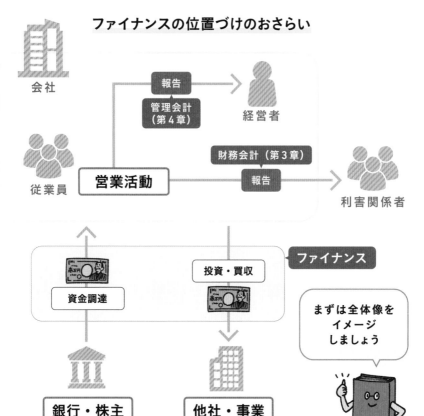

会社

報告

管理会計
（第4章）

経営者

従業員

営業活動

財務会計（第3章）

報告

利害関係者

ファイナンス

資金調達

投資・買収

まずは全体像を
イメージ
しましょう

銀行・株主

融資を受ける・株主を増や
す・債券を発行する

他社・事業

子会社化する・出資する

企業価値の算定のための
3つのアプローチ

企業価値を最大化することが目的のファイナンス。まずは
企業価値を知る方法について学びましょう。

 ファイナンスは企業価値の最大化が目的
なんですよね。そもそも、どうやって企
業価値を判断するんですか？

 指標や数値を比較して評価していくんで
すよ。

 企業価値の算定は主に❶マーケット・ア
プローチ、❷コスト・アプローチ、❸イ
ンカム・アプローチの3つがあります。

 大所帯の会社の価値を計るだけあって、
色々な方法があるんですね。

 そうですね。同業他社の数字と比較した
り、資産を数値化するなどして、評価し
ていきます。

 比較は管理会計でもしてきましたし、得
意です！

 頼もしい！　いろいろな分析手法を学ん
で、ぜひ我が部のエースになってくださ
いね。

**マーケット・
アプローチ**

株式市場などにおける
取引価格や指標を基準
に、同業他社との比較
をして企業価値を算定
する方法。

**コスト・
アプローチ**

企業の保有する資本を
ベースとして企業価値
を算定する方法。

**インカム・
アプローチ**

将来的な利益予想や
キャッシュ・フロー予
想にもとづいて企業価
値を算定する方法。

企業価値の算定方法

企業価値の算定方法は3種類ある！

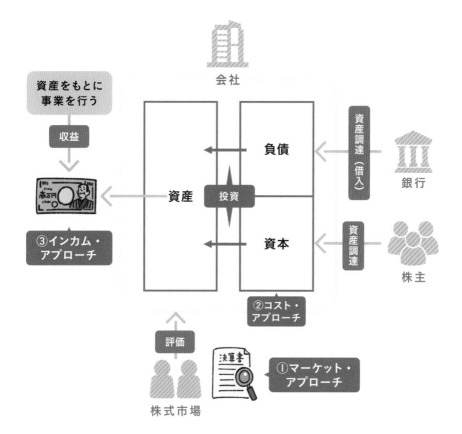

算定に用いる指標

\ マーケット・アプローチ /

PER (→P150)
PBR (→P152)
マーケット・アプローチのひとつ。利益や純資産に対して、株価が割安、ないしは割高か算定する方法。

\ コスト・アプローチ /

時価純資産法
(→P154)
コスト・アプローチのひとつ。企業の保有する純資産を時価総額で換算し、それをもとに企業価値を算定する方法。

\ インカム・アプローチ /

DCF法
(→P164)
インカム・アプローチのひとつ。現在の投資金額に対して、将来どれくらいのリターンがあるのかを予測して企業価値を算定する方法。

PERで投資家の
期待値が見える

ここではマーケットアプローチに用いられる、代表的な指標「PER」について学んでいきます。

 マーケット・アプローチでは具体的にどんな方法で価値を算定するのですか？

 いろいろありますが、まずはPERという指標について覚えましょう。

 基本となる指標ですね。

 PERは日本語で株価収益率と訳されます。「1株あたり純利益（EPS）に対して、どれくらいの株価か」を表すものです。

 つまり、今の株価が割安なのか、割高なのかがわかる指標ですよね。

 株価が割安？　もっと高い値がついてもおかしくないということですか？

 その通りです。数値が小さいほど割安で、大きいほど割高とされています。日経平均株価のPERは15倍前後ともいわれています。ただ、数字はあくまで目安で、同業他社の値と比較して判断します。

PER

Price Earnings Ratio の略で、株価収益率のこと。株価が1株あたり純利益（EPS）あたりで何倍になっているかを示す。「株価÷1株あたり純利益（EPS）」で算出する。

EPS

Earnings Per Share の略で、1株あたりの純利益のこと。「当期純利益÷発行済株式数」で算出する。

PERで株価が割安・割高か知る

1株あたり純利益の何倍の株価がついているか？

$$\text{PER（倍）} = \frac{\text{株価（1株あたりの株式の価値）}}{\text{EPS（1株あたりの純利益）}}$$
（株価収益率）

株価のみを見ても高いか安いかはわからないので、この算定法で割安・割高を判断する。

☑ **EPS**

株主資本をいかに
うまく使って利益を
あげているかわかる

$$\frac{\text{当期純利益}}{\text{発行済株式数}}$$

株式市場の
投資家の間でも
注目度の高い
指標です

PERの数字が大きいと……	PERの数字が小さいと……
・利益が少ない割に株価が高い ・株式市場で過大評価されている	・利益が多い割に株価が低い ・株式市場で過少評価されている
⬇	⬇
今の株価は割高	**今の株価は割安**

あまり儲けていないの
に、株価が高すぎるか
ら買わないようにしよう

儲かっているのに株価
が安いから、今のうちに
買っておこう

買う人が減るので、今後、
株価が下がる可能性がある

買う人が増えるので、今後、
株価が上がる可能性がある

株価が割安・割高か PBRで確認する方法

マーケット・アプローチ②

PERと並んで、マーケット・アプローチに利用される指標が「PBR」です。保有する純資産に対して割安か算出します。

 次は**PBR**について説明しましょう。

 PERと何が違うんですか?

 PBRは株価純資産倍率のことで、株価が1株あたり純資産（**BPS**）の何倍になっているかを示す値です。

 PERは純利益と株価の関係、PBRは純資産と株価の関係を示したものですね。

 なるほど! 整理できました……多分。PBRはどう判断するのですか?

 1倍は純資産＝株式時価総額、1倍を下回ると純資産＞株式時価総額。なので、1倍を下回ると危険と判断しましょう。

 株主の立場になるとわかりやすいです。PBRが1倍以下の会社なら株式を売るより、会社が解散して財産を分けてくれたほうが儲かるということですから。

 き、厳しい……!

PBR
Price Book-Value Ratioの略で、株価純資産倍率のこと。株価が1株あたり純資産の何倍になっているかを示す。「株価÷1株あたり純資産（BPS）」で算出する。

BPS
Book-Value Per Shareの略で、1株あたり純資産のこと。「純資産÷発行済株式数」で算出する。

PBRで株価が割安・割高か確認する

株価が1株あたり純資産の何倍になっているか？

$$PBR（倍）（株価純資産倍率） = \frac{株価（1株あたりの株式の価値）}{BPS（1株あたり純資産）}$$

仮に会社が解散したとしたら、純資産を株主に分けることになる。そのため純資産は「解散価値」とも呼ばれる。

$$\frac{純資産}{発行済株式数}$$

目安は1倍で低いほど割安といえるが、1倍を割ると危険信号

PBR ＼PBRに発行済株式数をかけると…… ／

$$\frac{株価 \times 発行済株式数}{BPS \times 発行済株式数} = \frac{株式時価総額}{純資産}$$

この式をB/Sで表現すると……

PBR ＝ 1倍未満	PBR ＝ 1倍

PBR1倍未満＝
持っている資産に比べ株式市場での評価が低い

株主から見れば、持っている株の価値が低いから、純資産を売り払って還元してほしい

PBR1倍未満（割れ）は、「解散価値割れ」ともいわれる

資産を時価で評価する
時価純資産法

企業の資産などをベースに価値を算定するコスト・アプローチで使われる「時価純資産法」について学びましょう。

 続いてはコスト・アプローチですね。これには一般的に時価純資産法が用いられます。

 時価……純資産法ですか？

 はい。B/Sに記載されている資産などをもとに企業価値を算定する方法です。B/Sに記載されている価格は簿価なので、時価に換算すると会社の「今の純資産」がわかります。ただ、B/Sには記載されていない企業の価値もあるのでその点には注意が必要です。

簿価
帳簿価額の略。帳簿に記載されている（取得したときの）資産や負債の評価額のこと。

 B/Sにはすべての資産が書かれているのではないのですか？

 例えば、その企業の口コミやブランドイメージなどは立派な資産ですが、B/Sには書かれてはいませんよね。

 そうですね。でも、その点を除けば、客観性の高い企業価値の算定方法ですよ。

時価純資産法のしくみ

「今の資産」で企業価値を算定する時価純資産法

\ 実態に近い /
時価純資産法

B/Sに計上されている資産、負債の項目をそれぞれ時価評価し直したのち、資産から負債を差し引いて純資産額（時価）＝企業価値を算定する方法。

> 算出した企業価値の正確性が高い

\ これもある /
簿価純資産法

B/Sに計上されている資産や負債に粉飾などがないか確認したのちに、資産から負債を差し引いて純資産額（簿価）＝企業価値を算定する方法。

> B/Sに記載された簿価を用いるので算定が容易

時価純資産法の算定方法

〈B/S〉

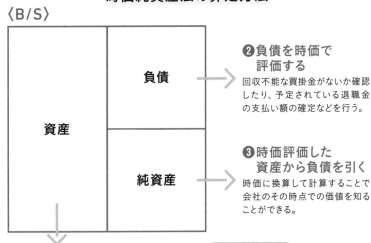

❷負債を時価で評価する
回収不能な買掛金がないか確認したり、予定されている退職金の支払い額の確定などを行う。

❸時価評価した資産から負債を引く
時価に換算して計算することで会社のその時点での価値を知ることができる。

❶資産を時価で評価する
土地や不動産の時価評価のほか、今後売れる見込みのない在庫を棚卸資産から外したり、有価証券を現在の価格で評価する。

> 客観性が高い企業の評価方法です

インカム・アプローチの全体像を掴もう

将来入ってくるお金を予想し企業を評価するインカム・アプローチ。まずは全体像を解説します。

次は将来のキャッシュ・フローを予測して価値を評価するインカム・アプローチを解説します。

ここから少々難しくなりますよ。

はい。もう、すでに難しいです……。そもそもまだ入ってきていないお金をどうやって算定するのですか？

会社は保有する資産を使って事業を行い、お金を稼ぎます。お金に結びつく資産の価値を事業価値と呼びますが、これを算定する方法としてDCF法（→P164）があります。でも、会社が保有する資産でも、事業に使われない資産もあるんですよ。

預金や遊休資産ですね。

はい。そうした資産の価値を非事業価値といい、事業価値と非事業価値の合計を企業価値として算定するのがインカム・アプローチです。

事業価値

企業が事業活動によってどの程度の価値を生み出すのかを金額ベースで示したもの。純資産価値や無形資産・知的財産価値などが含まれる。DCF法で算出する場合は「将来のフリー・キャッシュ・フロー（FCF）÷割引率（資本コスト）」。

遊休資産

事業用資産として取得されたが、事業の変更や新しい設備の購入などに伴い利用や稼働を停止している資産。

非事業価値

事業の収益に直接影響しない資産価値のこと。事業にかかる費用の支払いに使われず、銀行に預けているだけの現金（預金）などが該当する。

インカム・アプローチの全体像

インカム・アプローチ

将来のキャッシュ・フロー予想に基づいて企業価値を評価する方法

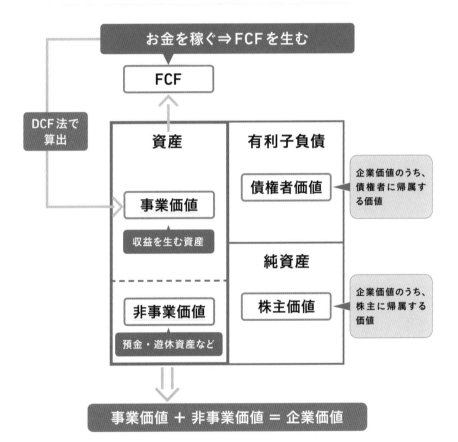

代表的な企業価値算定方法

DCF法（ディスカウンテッド・キャッシュフロー法）
将来的にどれだけ稼ぐかを算定し、その収益を今の価値に割り引いて企業価値を算定する評価方法。詳しくは164ページで解説。

複利を踏まえて価値を算定する

ファイナンスの前提となる複利の考え方を学ぶことで、インカム・アプローチへの理解が深まります。

 ファイナンスでは複利を前提として価値を算定します。

複利
利子にも利子がつくこと。

 はい。福利厚生は必要ですものね。

 「複」利ですよ。投資して得たお金を元本に加えてさらに利益を得ることです。

 例えば、銀行に100万円を預けるとしましょう。金利は1%と仮定します。すると、現在は100万円でも、3年後には103万301円になります。

 利子がついたわけですね。

 はい。とすると、100万円の現在の価値と将来の価値は違うといえますね。

将来価値
将来どれくらいの利益を得られるかという予想を反映して算定される価値のこと。

 利子の分、増えますからね。

 このように100万円の将来の価値（＝将来価値）を求めて、増えた利子の分を割り引いたときの価値（＝現在価値）を考えるのが、ファイナンスの基本です。

現在価値
将来の価値から金利などを割り引くことで、今手に入れる場合の価値を導き出す考え方。投資をする際などに用いられる。

お金の価値は現在と将来で違う

ファイナンスの世界は複利を前提に計算する

現金100万円があり、金利1%だと……

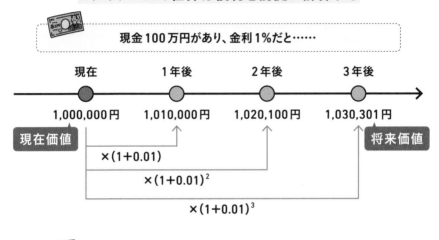

	現在	1年後	2年後	3年後
	●	●	●	●
	1,000,000円	1,010,000円	1,020,100円	1,030,301円

現在価値

将来価値

$\times(1+0.01)$

$\times(1+0.01)^2$

$\times(1+0.01)^3$

3年後に100万円が手元にあると仮定し、割引率1%だと……

	現在	1年後	2年後	3年後
	●	●	●	●
	970,590円			1,000,000円

現在価値

将来価値

$\div(1+0.01)^3$

現在価値に割り引く（割引率1%）

割引計算 将来価値を現在価値に換算すること。

お金の価値は
時間とともに
変わるんですね

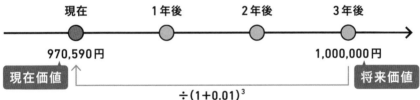

投資家は将来得られる価値を、複利を踏まえて算出し、リスクに応じたリターンを要求します（例えば創業期のベンチャー企業であれば倒産するかもしれないリスクをとるので、投資対象として求める利率は高くなる）

インカム・アプローチ③

資本コストが収益に見合っているか確認する

会社が事業を行うために調達する資本にはコストがかかり、これが適正かどうかは経営を大きく左右します。

 続いて資本コストを学んでいきましょう。

 事業の元手となる資産（資本）にかかるコストということですか？

 そうです。要するに、資産を獲得するために必要なコストのことです。例えば、銀行に支払う負債の利息は**有利子負債コスト**といいます。

 銀行から借り入れを行うために必要なコスト、ということですね。

 はい。もうひとつが**株主資本コスト**です。

 株主からの出資に対しては、利息などは支払わないのでは？

 会社が儲かったら株主へ配当を出します。こうした株主が期待する利回りにかかるコストですね。この有利子負債コストと株主資本コストを**加重平均**したときの割合（**WACC**）が、資産に対する収益率より低くなければなりません。

有利子負債コスト
資本コストのひとつ。金融機関からの借り入れや社債の発行により発生する利息のこと。

株主資本コスト
資本コストのひとつ。株主からの出資によって得た資本に必要なコストのこと。配当や株の売却益など株主が期待する利回りのこと。

加重平均
それぞれの数値のウエイトを考慮して平均値を出すこと。

WACC
Weighted Average Cost of Capital の略で加重平均資本コストともいう。

資本コストの考え方

**資本コストとは、資金を獲得するため（したあと）に
必要なコストのこと**

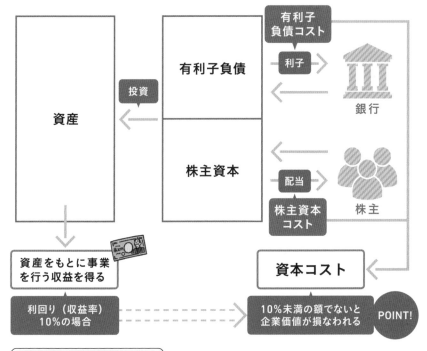

資産

投資

有利子負債コスト

利子

有利子負債

銀行

株主資本

配当

株主資本コスト

株主

資産をもとに事業を行う収益を得る

利回り（収益率）10%の場合

資本コスト

10%未満の額でないと企業価値が損なわれる

POINT!

資本コストの計算方法

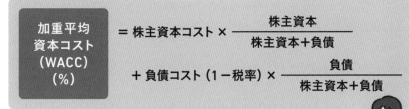

$$\text{加重平均資本コスト（WACC）（\%）} = \text{株主資本コスト} \times \frac{\text{株主資本}}{\text{株主資本}+\text{負債}}$$

$$+ \text{負債コスト（1－税率）} \times \frac{\text{負債}}{\text{株主資本}+\text{負債}}$$

せっかくコストをかけて資金獲得したのに、
そのコスト分を稼げないと意味がない……

インカム・
アプローチ④

最適資本構成を探して企業価値を最大化する

資産が有利子負債と株主資本のどちらかに偏ると、会社は適正に成長しません。最適なバランスを探りましょう。

 借金しすぎたら危ないし、株主資本を増やしたほうが会社のためでは？

 借り入れを行わずに株主資本だけに頼ると成長しづらくなるんです。

 どうしてですか!?

 株主からの出資だけでは資金不足で、収益があがりません。株主が求める利回り（資本コスト）は高いですし、それに応える収益は難しい……。

 そうですね。有利子負債と株主資本はバランスが大事です。ですが、できればコストはかけたくないものなので、最適資本構成を探ります。

 最適資本構成はどう探せばいいですか？

 有利子負債コストと加重平均資本コスト（WACC）が事業の収益率の仮に10％未満とした場合（右図参照）、最も低い点が最適資本構成です。

最適資本構成
企業価値を最大化するために最適な有利子負債コストと株主資本コストの構成のこと。

最適資本構成を探す

最適資本構成

企業価値を最大化する株主資本と有利子負債の組み合わせ

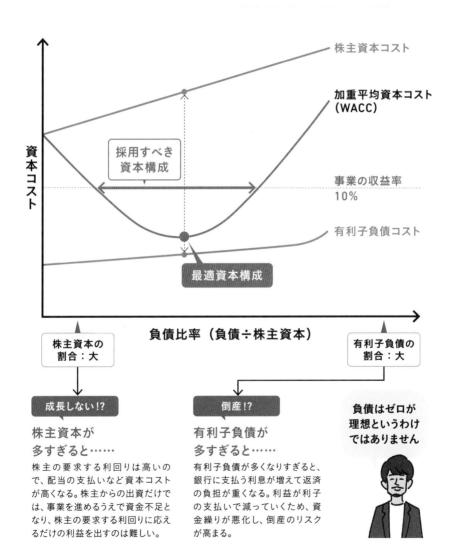

株主資本が多すぎると……

株主の要求する利回りは高いので、配当の支払いなど資本コストが高くなる。株主からの出資だけでは、事業を進めるうえで資金不足となり、株主の要求する利回りに応えるだけの利益を出すのは難しい。

有利子負債が多すぎると……

有利子負債が多くなりすぎると、銀行に支払う利息が増えて返済の負担が重くなる。利益が利子の支払いで減っていくため、資金繰りが悪化し、倒産のリスクが高まる。

負債はゼロが理想というわけではありません

インカム・
アプローチ⑤

企業価値算定の代表
DCF法の全体像を掴む

インカム・アプローチの代表格ともいえるDCF法。まずは手順と全体像を掴みましょう。

いよいよインカム・アプローチの本番です！　ようやくDCF法を説明できるときが来ました！

企業価値算定の代表格で、M&Aの際は必須ですよね。

DCF法は「ディスカウント・キャッシュ・フロー法」のこと。ディスカウントは割り引くという意味なので、キャッシュ・フローを割り引く算定方法ですね。

実際には、どのように算定するんですか？

まず、①将来のFCF（→P120）を予測し、②加重平均資本コスト（WACC）を求めます。そして、③割引計算を行い、事業価値を算定。最後に④事業価値と非事業価値を足して、企業価値を算定します。

おお！　これまでやってきたこと、全部盛りですね！

DCF法
Discounted Cash Flowの略。企業の将来のフリー・キャッシュ・フローを予測して、現在価値に割り引くことで企業価値を算定する方法のこと。

M&A
Mergers and Acquisitionsの略で、企業の合併・買収のこと。複数の会社が1つになったり（合併）、会社がほかの会社を買ったりすること（買収）。提携までを含める場合もある。

DCF法の全体像

\ 企業評価の代表格 /

DCF（Discounted Cash Flow）法

企業が将来生み出すFCFに注目して、企業価値を算出する

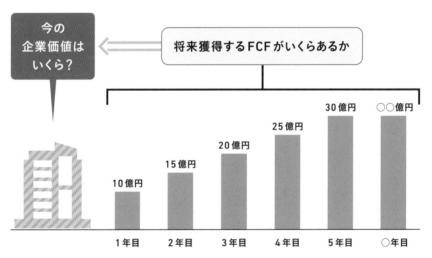

今の
企業価値は
いくら？

将来獲得するFCFがいくらあるか

| 30億円 | ○○億円 |

25億円

20億円

15億円

10億円

1年目　2年目　3年目　4年目　5年目　○年目

\ DCF法の算定手順 /

Step **1** 事業計画から将来のFCFを予測する

Step **2** 加重平均資本コスト（WACC）（→P160）を算定する

Step **3** 割引計算（→P159）を実施し、事業価値を算定する

Step **4** 事業価値に非事業価値（→156）を足して企業価値を算定する

ここまで
解説した
算定方法を
利用します

インカム・
アプローチ⑥

実際にDCF法で
企業価値を算定しよう

ここでは実際に将来獲得キャッシュの予想を立てて、DCF
法で企業価値を算定していきましょう。

 実践としてDCF法で企業価値を求めて
みましょうか。

 まずは将来のFCF予測でしたよね。

 はい。右図のように、1年後に100億
円、2年後に130億円、3年後に150億
円……を稼ぐと仮定しましょう。

 えっと……次は割引計算でしたっけ?

 その前に加重平均ですよ。

 そうですね。加重平均はわかりやすく
10%としましょう。そして割引計算を
行うと、現在価値は762億円です。

 なるほど。でも、これ、5年目までの数
値ですよね。6年目以降はどのように?

 収益の予想は5年目くらいまでが限界で
しょう。6年目以降は成長せず、継続し
て収益200億円をあげると仮定して企
業価値を算定していくことが多いです。

DCF法の算定の流れ

段階を追ってひとつずつ算定していく

☑ 予測できない期間以降は成長なしと
　想定した場合

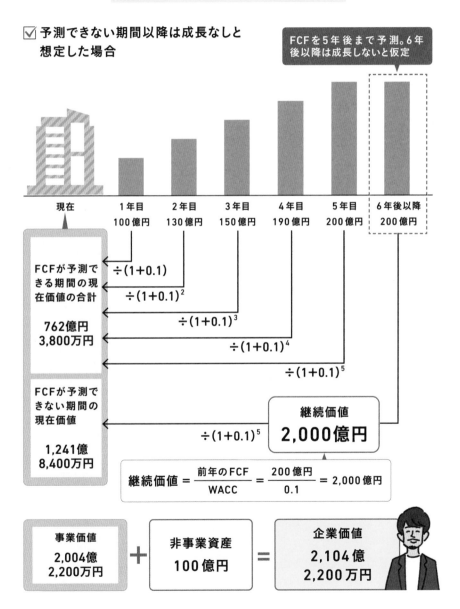

FCFを5年後まで予測。6年
後以降は成長しないと仮定

現在	1年目 100億円	2年目 130億円	3年目 150億円	4年目 190億円	5年目 200億円	6年後以降 200億円

FCFが予測で
きる期間の現
在価値の合計

$\div(1+0.1)$
$\div(1+0.1)^2$
$\div(1+0.1)^3$
$\div(1+0.1)^4$
$\div(1+0.1)^5$

762億円
3,800万円

FCFが予測で
きない期間の
現在価値

$\div(1+0.1)^5$

1,241億
8,400万円

継続価値
2,000億円

$$継続価値 = \frac{前年のFCF}{WACC} = \frac{200億円}{0.1} = 2,000億円$$

事業価値 2,004億 2,200万円	＋	非事業資産 100億円	＝	企業価値 2,104億 2,200万円

3つの算定方法の
メリットとデメリット

マーケット・アプローチ、コスト・アプローチ、インカム・
アプローチそれぞれのメリットとデメリットを考えましょう。

 ファイナンスは難しいけれど、実態のない「企業の価値」を数値にするっておもしろいですね！

 さすが高橋さんが推薦した人ですね。

 ただ、ちょっとおさらいを……。

 任せてください。ファイナンスは企業価値を最大化するために、「どのように投資するか」と「どのように資金調達するか」という2つを考えることが目的です。

 その企業価値を算定する方法として、①マーケット・アプローチ、②コスト・アプローチ、③インカム・アプローチがあるんでしたね。

 はい。万能な算定方法はありません。それぞれメリットやデメリットもあるので、状況に応じて使い分けましょう。

 3つの方法を組み合わせて評価すると、より具体的な企業価値が見えてきますよ。

企業価値の3つのアプローチの比較

3つのアプローチのメリット・デメリットを把握したうえで、総合的に勘案していく

マーケット・アプローチ
(→P150-153)

メリット
・マーケット（株式市場）情報を反映できる
・算出した数値を他社と比較するので判断しやすい

同業他社と比較して、それよりよいか、悪いかを判断するので、判断の目安をつけやすい。

デメリット
・理論的ではないマーケット情報が数字に入る
・類似の上場企業がないと比較判断ができない

株式市場の参加者の判断による数字なので、企業価値を正確に判断できない。

コスト・アプローチ
(→P154-155)

メリット
・B/Sに基づく情報で算出するので客観性がある
・B/Sの数字をもとにするので算定しやすい

B/Sの数値で判断するので、誰が算出しても同様の結果となりやすい。

デメリット
・将来のキャッシュ・フローの評価が反映されない

今時点の評価となるので、将来どれだけ稼ぐかという点は考慮されない。

インカム・アプローチ
(→P156-167)

メリット
・将来のキャッシュ・フローを反映した企業価値を反映することができる

企業買収などで最も重要となる、今後いくら稼ぐかを踏まえた数字となる。

デメリット
・将来予測が主観的になる
・算出が複雑で難解である

今後期待できる収益を正確に出すのは不可能なので、客観性はコスト・アプローチに劣る。

客観性があるが将来の収益は反映されない評価、主観的だが将来の収益を予測した評価を組み合わせるなどして、企業価値を評価しましょう

知ってトクする！

マーケット・アプローチで企業価値を算定

PERで企業価値を比較してみよう

Q どの企業を買収する?

企業価値を最大化するために、会社や事業の一部を買収することは往々にしてあります。ただし、衰退している会社を買収しても自社が共倒れになってしまったり、経営が苦しくなったりするでしょう。つまり、買収は成長が見込まれる会社や新しい分野に進出するためのノウハウを持つ会社など、自社の企業価値が上がるような会社でなければ意味がないのです。

そこで役に立つのがPER。この指標を使って企業価値を比較してみましょう。買い手の立場として下記の会社を買収する際、どのように判断するとよいでしょうか?

PERを比べてみると……

会社名	PER（倍）
化粧品メーカー A社	81.38
百貨店B社	22.04
化粧品メーカー C社	51.13
化粧品メーカー D社	25.29

割安な会社を
買うには……

・同業他社で比較しよう
・PERからわかることは何かを考えよう
・できれば割安の会社を選ぼう

A 同化粧品メーカー D 社が狙い目

150ページで紹介したように、PERとは株価収益率のこと。「1株あたり純利益（EPS）に対して、どれくらいの株価か」を示す指標です。

一般的にPERが大きければ「利益が少ない割に株価が高い」「マーケットで過大評価されている」ことを表し、割高と判断します。割高な会社は今後株価が下がる可能性があるため、買収は避けたいところです。

一方、一概に数字のみで判断することはできませんが、PERが低ければ「利益が多い割に株価が安い」「マーケットで過小評価されている」

と考えられ、一般的に割安と判断されます。

さて、左の例で示された4つの会社を比較していきましょう。PERは基本的に同業他社と比較して判断します。4社のうちA社、C社、D社は化粧品メーカーで、B社は百貨店です。B社は最もPERが低いですが、まずは選択肢から外します。

残るは化粧品メーカー3社です。PERを比較すると、D社が最も低いことがわかります。よって、この3社のうち買収に最も適しているのはD社と判断されます。

PERの低さで判断しよう

同業他社で比較したほうがわかりやすいため、業種の異なる会社は先に外す

会社名	PER（倍）
化粧品メーカー A 社	81.38
百貨店 B 社	22.04
化粧品メーカー C 社	51.13
化粧品メーカー D 社	25.29

同業他社で比較したときに、PERの高い会社は外す

同業他社で比較したときに、PERの低い会社が買収に適していると判断する

「同業他社」「PERが低い」ことが判断のカギとなっています！

自社株買いを行うと
どんな影響があるの?

[株価の上昇と配当の節約につながる!]

株式会社が発行している自社の株を買い戻すことを「自社株買い」といいます。そして、この自社株買いは多くの企業で実施されています。なぜ企業自らが株を買い戻すのか、主に2つの理由があります。

①株価が上昇する

自社株買いは市場に出回っている株を買い、それを「なし」にするようなもの。つまり、発行済株式数が減ります。流通する株数が減ると、EPS（→P150）が上がり、PER（→P150）が下がります。株式市場の参加者はPERが低ければ割安と判断するため、「株を買いたい!」と思う人が増えるでしょう。その結果、株価が上昇する可能性が高

くなるというわけです。また、ROE（→114）も上がることから、結果株価が上昇する要因になります。

②配当金の節約になる

市場に流通する株が減るということは、還元すべき配当額も減ります。企業側からすると、株主資本コストの削減になるのです。例えば株主資本が100万円で利回りが3％の場合、3万円の配当を還元する必要があります。そして、利息1％で100万円の借り入れができるようになったと仮定します。このときの利息は1万円です。つまり、借り入れをして自社株買いを実施したほうが、2万円お得になります。

第 **6** 章

お金の流れを見て ビジネスを改善する

ストーリー

経営企画部でファイナンスの知識を学びながら、日々経験を積む神山。社内のお金の流れがつかめてきた神山は、上司の斎藤とともにさまざまな経営改善に取り組みます。第6章では、主任に昇進した神山がこれまで学んできた会計・ファイナンスの知識を生かして、売上が減少した店舗を立て直したり、注力する事業の選定などに取り組みます。

ここからは
実践編！

まずは儲からない
理由を見つける

会計は業績が悪化しているビジネスの改善にも役立ちます。まずは問題点を見つけましょう。

 今年は調子が悪いなあ……。

 斎藤さん、怖い顔をして何かあったんですか？

 昨年と比べて売上も利益も少し減っているので、理由を考えているんです。

 私も先ほど白井さんから決算書を見せてもらいました。改善点を考えなければいけませんね。

 その通り！　神山さんの出番ですよ。

 はい！　今、昨年の決算書との比較を始めていたところです。あの大口顧客との取引が問題なのかなあ……。

 随分頼もしくなりましたね。

 決算書の数字を細かく分解して見ていくと、会社の問題点が見えてきます。その方法を説明していきますね！

大口顧客

販売数量・金額が多い取引先。社内全体の売上高、利益に与える影響が大きく、取引条件が経営状態を左右する。「得意先」とも呼ばれる。

売上・費用を分解して理由を探る

まず会社全体の状況を確認する

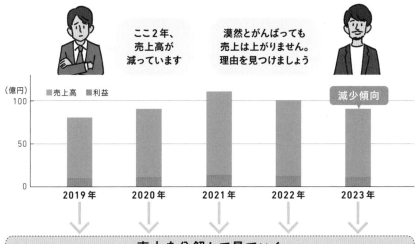

ここ2年、
売上高が
減っています

漠然とがんばっても
売上は上がりません。
理由を見つけましょう

（億円）
■売上高　■利益
100
50
0
2019年　2020年　2021年　2022年　2023年

減少傾向

売上を分解して見ていく

どのビジネスが好調？

事業ごとに見る

会社ではさまざまな事業が行われている。事業ごとに数字を比較することで、事業ごとのお金の流れの特徴が見えてくる。問題のある事業がわかれば、部署ごとに分解していこう。

不採算の店は？

店舗ごとに見る

同じモノを販売する店舗であっても、立地や担当者などによって店舗ごとに運営に差が出る。問題を見つけたら、その店舗特有、もしくは共通する問題なのか確認する。

値付けは正しい？

商品ごとに見る

商品もしくは案件ごとに利益のしくみを確認していく。採算が取れているのか、製造過程、販売過程それぞれにコストがかかりすぎていないか、値段設定は妥当か見ていく。

P/L、B/Sの科目ごとに見ていく

どこで儲けている？

利益ごとに見る

売上だけではなく、売上総利益や営業利益、当期純利益など、利益ごとに比較したり、推移を確認することで、ムダな支出が発生していないか、仕入れ代金がかかりすぎていないかなどがわかる。

ムダなものがある？

資産ごとに見る

所有している資産の内訳を確認し、割合が過剰に増えている資産はないか、また、増えたのに活かし切れていない資産はないかなど確認する。また、負債が増えすぎて負担になっていないかなど確認する。

分解と比較が
分析の
ポイントです

店舗の売上高成長率を比較する

店舗を展開するビジネスの場合、店舗ごとの売上高成長率を見ていくことで、問題点が見つかります。

 調子のいい店舗、悪い店舗を確認してみましょう。

 売上が最も高い店舗はA店ですね。でも、店舗の売上高成長率だとB店が最も伸びています。

 B店は、営業利益率が全店舗中で最も高いですね。

 はい。今後、最も利益が期待できそうなのはB店ではないでしょうか。

 最も伸び悩んでいる店舗はどこですか?

 C店です。売上高成長率は2年連続でマイナスになっています。

 C店は売上高が高いので期待していたのですが……。なにか策を考えましょう。

 まずは問題のある店舗を見つけられたのは大きな一歩ですね。次に具体的な改善策を考えていきましょう。

売上高成長率

会社の売上が前年と比較してどれだけ伸びたかを見る指標。「(当期売上高−前期売上高)÷前期売上高×100」で算出される(→P122)。

店舗ごとの状況を確認する

店舗ごとの売上高成長率を確認する

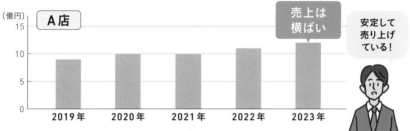

➡売上高が継続して高い安定した店舗
微増、微減を繰り返しながら、安定して推移している。

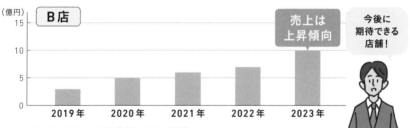

➡売上を順調に伸ばす好調な店舗
ここ5年で3倍近くまで売上を伸ばしている。

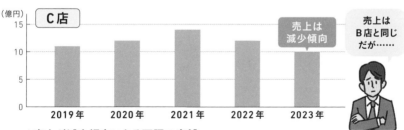

➡売上が減少傾向にある不調の店舗
一時は全店舗でトップの売上だったが、ここ2年、売上が低迷している。

今年の売上はどの店舗もほぼ同じですが、売上高成長率に差があります。問題の店舗を発見したら、次は改善に着手します

売上総利益率を見て改善点を探ろう

売上・利益の減少の理由をさらに具体的に把握するために、C店の状況を確認していきます。

 C店の不調の理由はわかりましたか？

 売上の割に売上総利益（→P56）が少ないですね。**売上総利益率は40％しかありません**。他の店舗は60％前後ですから、C店は低すぎます。

売上総利益率
売上高に対する売上総利益の割合。「売上総利益÷売上高×100」で計算される（→P112）。

 売上総利益率が40％だと、原価率は60％。さすがに高過ぎますね。

 そうですね。大口顧客のX社との取引条件を見てみましょう。

 あっ！　ほかの店舗より20％引きで販売しているみたいです。たくさん買ってくれるから、割引したんでしょうか。

 商品を値下げしたから、原価率が上がったわけですね。

 はい。そして、X社がC店の売上の5割を占めていますから、この値下げでC店全体の売上が下がったのだと思います。

店舗の売上総利益率を確認する

C店の売上原価・売上総利益の推移

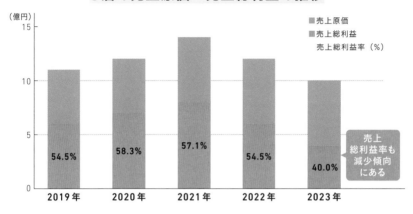

(億円)

■ 売上原価
■ 売上総利益
売上総利益率（%）

	2019年	2020年	2021年	2022年	2023年
	54.5%	58.3%	57.1%	54.5%	40.0%

売上
総利益率も
減少傾向
にある

他の店舗と売上総利益率と
比較してみると……

3店舗の売上総利益（率）の比較

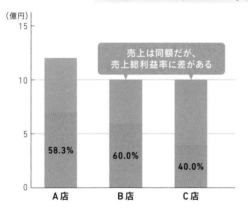

(億円)

売上は同額だが、
売上総利益率に差がある

A店	B店	C店
58.3%	60.0%	40.0%

売値を上げれば、
売上高と売上総利
益も改善できるかも

大口顧客（得意先）のX社に割引しているため、
がんばって売れば売るほど、利益率が下がって
いく状況になっていたことが原因と判明。

➡ 売値を見直して、販売量が利益に結び
つくようにする

理由が
わかれば
対策が
見つかります

費用を見直して利益を拡大しよう

業績が悪化している店舗の立て直しを行うため、次は費用について検討していきます。

 C店の利益率向上のために、原価以外の費用も見ておきましょう。営業利益率はどうなっていますか？

 残念ながら、同じ売上のB店より低いです。販売費及び一般管理費（販管費）が高いですね……。

 販管費の内訳も見てみるとよいですよ。

 なるほど！　ここも分解してみて見ないといけませんね。

 他店と差がある科目はありますか？

 C店は一等地にあるので家賃が高いのだと思うんですけど……、それにしてもやっぱり高い！　それに給料（人件費）も他店と比べて多いです。

 なるほど。問題点を分解・整理して、C店の今後の方針を決めましょう。

販売費及び一般管理費（販管費）
商品を販売するためにかかる費用や会社全体の運営のためにかかる費用のこと。一般に「販管費」と略して呼ばれる。従業員の給料や事務所・店舗の家賃、広告宣伝費、会社の備品などが含まれる。

利益拡大のための選択肢

C店の改善例

利益を拡大するためには……

↓ 売上を増やす？

↓ コストを減らす？

売上を増やす？

販売量を増やす？	販売単価を上げる？
✕	〇
立地がよいため販売量は十分ある	大口顧客に割引率を下げる交渉をする

コストを減らす？

家賃を見直す？	人件費を見直す？
✕	〇
販売量維持のためそのまま	余剰人員を整理する

C店の立て直し策
・割引率（売値）の見直しを大口顧客に交渉する
・立地のよさで集客できており、家賃はそのまま
・余剰人員を別の店舗に配置転換する

売上アップのみを狙うのは効率がよくありません

働き損は✕

売上と利益のバランスを考える

売上を上げるために広告を大量に投入したりすると費用の負担が増える。収益を獲得するために費用は必要だが、利益とのバランスが必要だ。

客は多いが利益はどうだろう？

経営改善③

労働分配率を確認して
人員の配置を見直そう

販管費が高いために売上高利益率が低いC店。改善するため、店舗ごとの労働分配率を算出します。

先日立て直し計画を立てたC店ですが、値段交渉がうまくいって、利益も増えてきているようですよ。

よかったです！　ただ、もう少し販管費を抑えられれば、利益が増えるんだけどなあ……。

販管費で多くを占めるのが人件費。人件費の抑制は慎重さが必要ですよ。

神山さん、つい先日、給料がもっとほしいとボヤいていたじゃないですか……。

みんなの給料を下げるなんて考えていませんよ！　労働分配率（→P142）を計算してみます。高いようであれば、余剰人員がいないか確認してみます。

あとは、残業しなくても業務が回るような方策を考えるのもよいですよね。

余剰人員

部、課の全体の業務量をこなす際に必ずしも必要ではない人員。適切に配置しなければ人件費を圧迫するので、ほかの部署への異動などを検討し、収益に貢献するようにしたい。

残業

法的には「時間外労働」という。残業に対しては基本的に25％以上割り増しして給与を支払わなければならないので、人件費を圧迫する原因となる。

適正な人員配置と労働分配率

店舗ごとの労働分配率を確認する

労働分配率（%）= 人件費 ÷ 付加価値（＝売上総利益）× 100

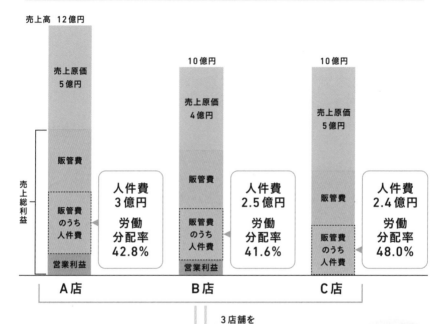

売上高 12億円

売上原価
5億円

販管費

売上総利益

販管費
のうち
人件費

営業利益

A店

人件費
3億円
労働
分配率
42.8%

10億円

売上原価
4億円

販管費

販管費
のうち
人件費

営業利益

B店

人件費
2.5億円
労働
分配率
41.6%

10億円

売上原価
5億円

販管費

販管費
のうち
人件費

C店

人件費
2.4億円
労働
分配率
48.0%

3店舗を
比較すると……

どの状況
なのか
店舗に行って
確認しよう

C店が最も労働分配率が高い

☑ 余剰人員がいる可能性がある

☑ 残業代が多い（業務が効率的ではない）可能性がある

☑ 売上総利益が低いことで、労働分配率が高い可能性がある

従業員の給与を下げれば利益は増えます。しかし、給料が
相場より低いことが離職につながってしまっては、貴重な戦
力が減り、収益力が低下してしまいます

経営改善④

資産をより活かす
方法を検討する

会社が保有している資産を活かすために、在庫回転率を上げるのも、ひとつの方法です。

C店のスタッフを2人、A店に異動したようですね。C店の利益アップのために、ほかにできることはないですか？

そうですね。C店は店舗もきれいで大きいし、この資産をもっと活かして利益をあげたいです。

さすが、神山さん。いい視点です！　そのためには、在庫回転率をあげるとよいですよ。

在庫回転率
一定期間内に在庫が入れ替わった回数を示す指標。「売上高÷棚卸資産」で算出される（→P134）。

C店は店舗が大きく在庫も多いので、在庫がどんどん売れていかないと販売の効率が悪いですしね。

在庫スペースを有効に使うためにも、もっと売れる商品を中心に仕入れたほうがよさそうです。

では、まずはC店の在庫回転率を調べてみて、改善の余地があるか検討してみましょう。

資産を活かす方法を考える

会社の資産をもっと活かして
利益をあげたい

ROA（総資産利益率）を高める（→P114）
① 商品ひとつあたりの利益率を高める　P178〜181参照
② 在庫回転率を高める

売上高÷棚卸資産

会社ごとに算出しやすい方法を選びましょう

利益率が高く、かつ顧客のニーズが高い商品を
仕入れて販売する

各店舗の在庫回転率を比較してみると……

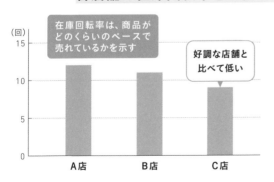

在庫回転率は、商品がどのくらいのペースで売れているかを示す

好調な店舗と比べて低い

（回）
15
10
5
0

A店　B店　C店

C店の在庫回転率は、A店の4分の3ほど

⇓

C店がA店と同じペースで販売できれば、売上を25%増やせる

売れていない商品の仕入れを減らしましょう

そうですね。売れ筋商品を中心に仕入れましょう

経営改善⑤

どの事業に投資すべきか見極めよう

事業ごとにキャッシュ・フローの状況を分析し、今後の会社の成長のために注力する事業を選択します。

 昨年と比べ売上が少し減少してしまったものの、全社的に不振というわけではありません。

 そうですね。高橋さんの部署などは好調のようです。

 そこで、好調な事業にさらに投資して伸ばしていきたいというのが、社長の意向です。神山さん、一緒に検討していきましょう。

 会社の舵取り役ですね！　まずは事業ごとのキャッシュ・フローを確認していきましょう。

 はい！　成長期にある事業への投資を加速したり、新規事業を立ち上げたりと、ワクワクします！

 反対に衰退期にある事業は縮小していくことになるでしょう。その判断も重要になりますよ。

新規事業

社内の既存の事業以外に新たに立ち上げる事業。消費者ニーズの変化はスピードを増しており、新たなビジネスの創造が常に求められている。社内ベンチャーの制度を設けている企業もある。

事業ごとのキャッシュ・フロー

事業がどのフェーズにあるのか確認する

➡すべての事業が同じフェーズにあるわけではない。創業時の
事業は市場の縮小とともに縮小していくケースが多い。

A事業の キャッシュ・フロー

創業時より主力の事業。次の世代のために、この事業にとってかわる柱が必要。

営業CF	**+**
投資CF	**−**
財務CF	**−**

 安定期

同社の大黒柱の事業。引き続き、FCF（→120）を稼ぐ

B事業の キャッシュ・フロー

市場の縮小に合わせて、売上が減少している事業。赤字の補てんに借入している。

営業CF	**−**
投資CF	**+**
財務CF	**+**

 衰退期

売上減少で、利用しなくなった固定資産を一部売却

B事業は
そろそろ
撤退か

C事業の キャッシュ・フロー

消費者のニーズ拡大を見込み参入した事業。事業開始以来、赤字が続いている。

営業CF	**−**
投資CF	**−**
財務CF	**+**

 創業期

まだ利益は出ていないが、期待の事業として投資中

D事業の キャッシュ・フロー

5年前に黒字化し、伸びている事業。収益拡大のために借入で設備投資している。

営業CF	**+**
投資CF	**−**
財務CF	**+**

 成長期

利益は出ており、借り入れて資産の購入を進めている

C事業は赤字
だが対前年
比では70％
売上を伸ばし
ました

成熟した事業の
売上に頼り続けて
いては会社は成
長しませんよ

C事業はきっと黒字に
なって、会社を支えて
くれます。D事業に投
資しましょう！

業界平均との差で問題点を見つける

会社の経営上の
問題点を探そう

Q 飲食業を営むＡ社。
利益を増やすために取り組めることは？

下の表は飲食店を複数運営するＡ社のP/Lです。当期純利益率[※]は約3％で、飲食業においては優れた結果を出しています。原価率も31％と平均的で、おおむね経営は安定しています。しかし、さらなる利益向上を目指して取り組めることがあります。それはなんでしょうか。

飲食業 A 社の P/L	
売上高	1,600
売上原価	500
売上総利益	1,100
販売費及び一般管理費	1,080
広告宣伝費	300
給料及び手当	570
消耗品費	20
地代家賃	60
リース料	20
：	
営業利益	140
：	
経常利益	100
：	
当期純利益	50

業界水準で見ると労働分配率が少し低いですね。

※会社におけるすべての活動結果として得られる当期純利益（→P20）を売上高で割った値のこと。

A 広告宣伝費を半分以下に抑えられる

　おおむね業界平均より優秀な業績をあげているＡ社ですが、広告宣伝費が突出して高いです。

　広告宣伝費は、業界によってかなりばらつきがある費用で、売上高に占める割合は5〜10％が一般的ですが、通販や化粧品、健康食品を扱う業界では10〜20％を占めるといわれています。飲食業界においては5％ほどですがＡ社は計算すると18.8％とかなり高い状況です。

　販管費率は67.5％とやや高いですが、これは広告宣伝費の影響です。仮に売上高に占める広告宣伝費の比率を5％まで引き下げれば、営業利益率は16.3％まで上昇します。

　大量の広告出稿の効果があっての現在の売上であるとも考えられますが、業界平均を大きく超えるような費用は、その効果についてあらためて検証、検討する機会を持つとよいでしょう。

広告宣伝費を業界平均まで引き下げた場合

売上高	1,600
売上原価	500
売上総利益	1,100
販売費及び一般管理費	960
広告宣伝費	80
給料及び手当	670
消耗品費	20
地代家賃	60
リース料	20
：	
営業利益	260
：	
経常利益	220
：	
当期純利益	130

販管費率 67.5％→60.0％
販管費率＝販管費÷売上高

売上高に占める広告宣伝費の割合を業界平均まで引き下げると……

給料を業界水準の労働分配率まで引き上げても、利益は確保できる
労働分配率＝人件費÷売上総利益

営業利益率 8.8％→16.3％
営業利益率＝営業利益÷売上高

第6章 ▼▼ お金の流れを見てビジネスを改善する

189

無借金経営こそが理想なの?

↓

[財務的に安全だが成長しづらい!]

一般の感覚で「負債」と聞くと、ネガティブな印象を受けます。確かに借金がない経営、つまり無借金経営は財務上とても安全です。

しかし、会計の世界では、無借金経営は「うまく投資ができていない」と見なされます。

企業の命題としてまず挙げられるのはROE（→P114）を高めること。

ROEを簡単におさらいすると、株主が出資したお金に対して企業がどれくらい利益をあげているかを示す指標です。つまり、ROEが高いほど、株主は満足するのです。

このROEを高めるためには、負債の活用が欠かせません。

株主資本だけを活用して効率的な（利回りのよい）事業を展開し収益をあげていれば、ROEは高まります。ただ、元手が限られる以上、ROEの向上には限界があります。

自己資本だけでの収益拡大は限界がある以上、負債が必要になります。銀行から融資を受けるなどした負債で資産を増やし、その資産をもとに収益をあげていくことが求められるのです。

要するに、どんどんお金を借りて、そのお金を事業資金に回し、それを元手にどんどん収益をあげることができる会社が「優れた会社（経営者）」というわけです。

無借金経営は確かに安全ですが、成長はしづらいという側面があるのです。

索引

監修者紹介

白井敬祐 （しらい けいすけ）

公認会計士。2011年公認会計士試験合格後、清和監査法人で監査業務に従事した後、新日本有限責任監査法人及び有限責任監査法人トーマツでIFRSアドバイザリー業務や研修講師業務に従事。その後、株式会社リクルートホールディングスで経理部に所属し、主に連結決算業務、開示資料作成業務や初年度のIFRS有価証券報告書作成リーダーを担当。そして、2021年7月に独立開業し、現在はCPA会計学院にて会計士講座やCPAラーニングの講師を務め、近畿大学経営学部の非常勤講師として学生向けに会計士講座を開講。会計を楽しく学べる『公認会計士YouTuberくろいちゃんねる』を運営。著書に「経理になった君たちへ」「伝わる経理のコミュニケーション術」（税務研究会出版局）がある。

STAFF

カバーデザイン／喜來詩織（エントツ）
カバーイラスト／山内庸資
本文デザイン／坂本達也（株式会社元山）
DTP／竹崎真弓
　　　（株式会社ループスプロダクション）、
　　　佐藤修
本文イラスト／高柳浩太郎
校正／伊東道郎
編集協力／金丸信丈、花塚水結
　　　（株式会社ループスプロダクション）

注意

・本書の一部または全部について、個人で使用するほかは著作権上、監修者およびソシム株式会社の承諾を得ずに無断で複写／複製することは禁じられております。
・本書の内容の運用によって、いかなる障害が生じても、ソシム株式会社、監修者のいずれも責任を負いかねますのであらかじめご了承ください。
・本書の内容に関して、ご質問やご意見などがございましたら、弊社のお問い合わせフォームからご連絡をいただくか、下記までFAXにてご連絡ください。なお、電話によるお問い合わせ、本書の内容を超えたご質問には応じられませんのでご了承ください。

0からわかる！
会計超入門

2023年11月10日　初版第1刷発行

監修　白井敬祐
発行人　片柳秀夫
編集人　平松裕子
発行　ソシム株式会社
　　　https://www.socym.co.jp/
　　　〒101-0064　東京都千代田区神田猿楽町1-5-15 猿楽町SSビル
　　　TEL：(03) 5217-2400（代表）
　　　FAX：(03) 5217-2420
印刷・製本　株式会社暁印刷

定価はカバーに表示してあります。
落丁・乱丁本は弊社編集部までお送りください。送料弊社負担にてお取替えいたします。
ISBN978-4-8026-1431-3　©Keisuke Shirai 2023,Printed in Japan